D1411641

Negociar: el arte de ganar

Harry A. Mills

NEGOCIAR: EL ARTE DE GANAR

EDITORIAL DE VECCHI, S. A.

Traducción de Ana Manrique Sala.

© *Harry Mills 1991.*
Gower Publishing Company Limited.
Derechos de edición para España.

© Editorial De Vecchi, S. A. 2000
Balmes, 247. 08006 BARCELONA
Depósito Legal: B. 18.543-2000
ISBN: 84-315-2417-0

Agradecimientos

■ ■ ■

Puesto que muchas personas han contribuido a mi aprendizaje sobre la negociación a lo largo de los años, es muy difícil para mí determinar en estos momentos a quién debo cada una de mis ideas. De cualquier modo, quiero expresar mi agradecimiento a David Lax, Roger Fisher y al personal del Proyecto de Negociación de Harvard por ser tan generosos con sus ideas y su atención durante mi visita en 1988.

Tengo además una gran deuda con todos mis clientes y los participantes del seminario que me han ayudado a probar y perfeccionar las diversas técnicas de negociación.

Por otra parte, es preciso dar las gracias a todos aquellos que aceptaron revisar el manuscrito en sus distintas versiones. Lo haré por orden alfabético: Bruce Anderson, Rosamund Averton, Paul Baines, Mike Bayliss, Paul Bebbington, Jacob Bercovitch, Wendy Betteridge, Richard Braczek, Tom Broadmore, William Brown, Dave Butler, Rob Cameron, Murray Campbell, Kate Clark, Chris Collett, Linda Craig, Alastair Davis, Lee Davis, Colin Douglas, Jim Doyle, Dave Elliot, Glen Evans, Martyn Fisher, David Ford, Mark Ford, Rod Gillespie, Roy Glass, Mike Heenan, Bob Henare, Carrie Hoddinott, Gordon Holmes, Shelley Hood, John Howell, Alan Jones, Irene Joyce, Ian Kennedy, Roger Kerr, Kristine Kilkelly, Sally Kindcaid, Andy Kirkland, Alan Koziarski, Sheryl Kruger, Dick Lang, Tony Lawson, Gary Lloydd, Jim

McClean, Mark McDonald, Alasdair Macleod, Doug Martin, Mike Menzies, Gerald Minee, Howard Moore, Craig Morris, Graham Nahkies, Richard Norman, Doug Pender, Karen Poutasi, Lyn Provost, Fiona Pyke, Claire Reiher, Johnathon Ross, Phil Ryan, Paul Steere, Carol Stigley, Andrew Strange, Mike Suggate, Doug Taylor, Peter Taylor, Bob Thompson, Alison Timms, Dame Cath Tizard, Susan Toder, Brian Trigger, Denis Urlich, Patti Vessell, Bob Vine, Jane Warren, David Wilkins, Bryce Wilkinson, Lee Wilkilson, Derek Williams, Sherwyn Williams, James Willis, Bill Wilson y John Young.

Gracias también a Janice Tomlin, la mejor secretaria imaginable, por su total compromiso, apoyo moral e infinita paciencia. Otras dos personas, Alyson Howell y Wanda Peck, también merecen un agradecimiento especial por su apoyo y alegría.

Por último, pero no menos importante, debo expresar mi gratitud a mi mujer, Mary Anne. Su amor y su apoyo nunca me han abandonado y sin ellos este libro no sería posible. Hasta ahora me ha respaldado durante once libros, y sólo por eso merece ya un agradecimiento especial.

Índice

■ ■ ■

Introducción

■ ■ ■

Antes de empezar a escribir este libro, he preparado una relación con las características que yo creía que un manual debía contener; al final he visto que principalmente un manual para la negociación tiene que ser práctico. No sólo debe ser exclusivamente interesante sino también y sobre todo útil. Los consejos, las técnicas y las estrategias que se vayan a aplicar deben haberse probado sobre el terreno y los ejemplos han de provenir de la vida real.

Un manual debe ser *fácil de utilizar*. La información debe ser de fácil acceso y de cómoda lectura. La prueba de que se ha conseguido un buen manual está en la rapidez con que accedemos a la información que estamos buscando. Un manual para que resulte de fácil manejo debe tener una lista comprensible de los contenidos, un buen índice, muchos subtítulos, destacados con puntos clave y un diseño atractivo.

Un libro efectivo se ha de poder seguir fácilmente, pero no ha de resultar nunca demasiado simplista.

La negociación es una asignatura compleja que precisa tiempo para ser dominada. Los autores que reducen el contenido a cuatro o cinco mandamientos o principios perjudican al lector.

Un manual de negociación cuya meta es ayudar a los lectores a convertirse en buenos negociadores debe centrarse en las *técnicas* que se necesitan para ser un gran negociador.

Cualquier persona que haya dirigido seminarios sobre las técnicas básicas de la negociación sabe perfectamente que no es suficiente pedir a los participantes que se muestren activos, que hagan preguntas y escuchen atentamente. También se les debe enseñar *cómo* preguntar y cómo escuchar. Un manual eficaz de negociación que quiera resultar útil y lograr sus objetivos debe hacer lo mismo.

La idea central que debe trabajar un libro de negociación debe centrarse en cómo facilitar las negociaciones provechosas. No se trata de un simple asunto de preferencias éticas, se trata prioritariamente de hacer buenos negociós.

La gran mayoría de las negociaciones en las que la gente se encuentra son situaciones en las que tienen interés en crear una solución que sea buena para ambas partes.

Las negociaciones basadas en la obtención de una satisfacción *mutua*, funcionan mejor, son esenciales para las relaciones a largo plazo y tienen la ventaja añadida de que invitan a repetir.

Sin embargo, la vida es diferente, el mundo real nos demuestra que tenemos que negociar con agentes despiadados y faltos de ética, y un manual que ignore este hecho y no enseñe cómo arreglárselas en una negociación o le impulse a confiar exclusivamente en la voluntad de Dios es ingenuo y peligroso.

Puesto que ninguna de las publicaciones de negociación tenía las características que estaba buscando, decidí escribir *Negociar: el arte de ganar.*

El libro está organizado en siete etapas concretas que componen el proceso de la negociación. Aparte del lógico comienzo con una fase previa preparatoria y el final que explica cómo atar los cabos sueltos, los pasos son un buen recordatorio para la memoria, una ayuda para entrenarse.

En cada paso se utilizan diferentes habilidades y técnicas. A la primera podremos identificar en qué paso estamos y planear nuestra línea de acción.

Los negociadores inexpertos se saltan los primeros pasos, entran directamente en la práctica, se precipitan en las transacciones, pierden el control y acaban haciendo un mal trato.

Los negociadores que siguen los siete pasos y son capaces de identificar qué necesitan hacer llevan el control de la situación. Este control genera confianza entre los negociadores y da lugar incluso a obtener mejores resultados.

Numerosos ejemplos de negociación ilustran esta obra. Algunos de ellos son de carácter histórico, lo cual nos permite comprobar sus efectos *a posteriori*. Por ejemplo, los que se refieren a Henry Kissinger, negociador sin par en los años sesenta y modelo a seguir por muchos profesionales, nos permitirán comprender mejor qué es exactamente la negociación.

El lector podrá basarse en estos ejemplos, más antiguos o más modernos, pero a fin de cuentas con un valor ilustrativo notable que le podrán ayudar en sus propias negociaciones.

NOCIONES GENERALES

CAPÍTULO 1

Caminando por la cuerda floja de la negociación

■ ■ ■

Cuando un hombre me dice
que va a poner todas sus cartas sobre la mesa,
siempre le miro la manga.
LORD ISAAC LESLIE-HORE-BELISHA

Hemos estado negociando durante miles de años, desde que nuestros antepasados paleolíticos trocaban hachas de piedra por pieles.

Con estos antecedentes, más el hecho de que cada uno de nosotros negociamos prácticamente cada día de nuestra vida, a estas alturas deberíamos ser hábiles negociadores. Las guerras siguen estallando, las huelgas todavía plagan las relaciones industriales y la tasa de divorcio se sitúa en cifras récord, mientras los juzgados están saturados de litigios económicos.

¿Por qué, entonces, nos cuesta tanto negociar bien? La respuesta descansa en la propia naturaleza de la negociación.

En primer lugar, los negociadores deben andar por la cuerda floja entre la cooperación total y la competición abierta; deben sopesar los pros y los contras que tiene adoptar una posición dura, exigente y competitiva. Tenemos que conseguir las mejores condiciones para uno mismo y, sin embargo, también tenemos que ponernos al lado de un adversario al que, en resumidas cuentas, estamos apartando de la mesa de negociaciones.

En segundo lugar, los negociadores deben andar por la cuerda floja entre la franqueza y la honestidad, la discreción y la tergiversación. Se dan muy pocas situaciones en las que tenemos la oportunidad de ser completamente francos y honestos sin arriesgarnos a ser explotados por la otra parte.

En una negociación nunca podemos estar seguros de cuáles son realmente las cartas del contrario; sólo sabemos lo que él asegura que son. Si revelamos la verdadera identidad de nuestros naipes, entonces nuestro contrincante puede engañarnos como un carterista experto. Por otro lado, si mantenemos nuestras cartas demasiado rato pegadas a nuestro pecho, corremos el riesgo de crear tanta desconfianza en el contrario que no negocie del todo.

En tercer lugar, los negociadores deben andar por la cuerda floja entre las ventajas a corto plazo y los beneficios a largo plazo. Si jugamos fuerte y de modo agresivo, a menudo es posible conseguir una victoria rápida a expensas del contrincante.

De cualquier modo, cuando la otra parte reflexiona sobre su derrota, la relación se altera rápidamente, y la posibilidad de obtener beneficios a largo plazo desaparece. Esto significa aceptar un poco menos de lo que se esperaba ganar, simplemente porque la confianza resulta estimulante y por otros supuestos beneficios potenciales.

Adoptar la postura errónea en las negociaciones y pagar las consecuencias que se derivan de ello puede resultar catastrófico. El asesor inmobiliario australiano Doug Malouf aprendió su primera lección de negociaciones básicas duramente, tal como relata en su cuento sobre la señora Fittler y los huevos.

> Cada enero mi padre y mi madre hacían las maletas y se encaminaban al viejo hotel Coogee Bay de Sidney. Se quedaban allí mientras mi padre hacía su compra para el año siguiente a un vendedor llamado Hoffnung.
>
> El año en que cumplí los diecisiete partieron hacia Sidney como era habitual y dejaron a un encargado al mando de la tienda. A mí también me dejaron allí, esperando mi oportunidad para tomar mi primera decisión ejecutiva. Una bomba de diecisiete años esperando explotar.
>
> Un día me tocó encargarme del negocio durante unas horas. Era martes.
>
> Y cada martes, durante veinte años, la señora Fittler había venido a la tienda a venderle a mi padre una docena de huevos, por lo que las leyes de la oferta y la demanda no tienen nada que hacer en esta transacción. Simplemente se trataba de algo que la señora Fittler hacía por costumbre: cada martes venía a la ciudad y vendía a mi padre, Nicholas Malouf, una docena de huevos.
>
> Y allí estaba yo, al mando. Y vino la señora Fittler con sus huevos. Los huevos eran frescos, pero mi relación con ella no tanto. Nunca habíamos congeniado.
>
> Se acercó al mostrador y depositó su paquete:
>
> —Buenos días —dijo—. Aquí están tus huevos.
>
> ¡Pobre señora Fittler!, todavía no se había dado cuenta que era Doug Malouf, el duro hombre de negocios y maestro negociador con el que estaba tratando esa vez. Todavía teníamos bastantes huevos, por lo que yo podía presionar, y se lo espeté a bocajarro:
>
> —No queremos más huevos.

Ella no pareció darse cuenta de la bofetada negociadora que le había propinado.

Sólo me miró fijamente con un ojo que no parpadeaba.

—¿Dónde está tu padre? —me dijo—. Me ha estado comprando los huevos durante veinte años.

Ese era el momento de la verdad. Yo tenía el poder para tomar una decisión e iba a utilizarlo.

—Mi padre está en Sidney... Y yo soy el jefe. Y no necesitamos más huevos.

Me miró de nuevo sin mostrar ningún signo de emoción. Todavía no se había dado cuenta de que ganaría yo.

—¿Es esta tu última palabra?

—Sí —dije.

Mi prima Betty, que llevaba las cuentas, había estado observando lo que pasaba. ¿Por qué se reía?

La señora Fittler se acercó a ella.

—Betty, querría cancelar mi cuenta... y la de Cassiday, y la de Jarriday, y las otras cuentas de los Fittler. Les ahorraré un viaje.

¿Tenéis idea de lo que es tener diecisiete años y sencillamente costarle al negocio de tu padre sus cinco mejores clientes además de otros seis que no eran del todo tan malos? Creedme: en comparación, la extracción de la muela del juicio sin anestesia resulta atractiva.

El suicidio se convirtió en una buena opción. Estaba claro que la señora Fittler no entendía las leyes de la oferta y la demanda. No se dio cuenta de que yo estaba en una posición desde la que podía presionarla; solamente se limitó a cancelar once cuentas y se fue de la tienda.

Betty me apoyó mucho.

—Espera a que vuelva tu padre —dijo—, te matará.

Realmente, mi padre no me mató. Se mostró muy comprensivo, discutió el asunto con calma y me explicó las opciones que yo tenía.

—Recupera las cuentas —dijo— o no te molestes en volver a casa.

Cuando cogí mi bici y me acerqué a la puerta de la casa de la señora Fittler, la encontré apoyada en el quicio de la puerta. El ambiente era tan tenso como la secuencia cumbre de *Solo ante el peligro*.

Las cosas no parecerían tener buen aspecto, mejor no abrir la boca.

—Te ha mandado tu padre, ¿verdad? —gruñó.

Asentí con la cabeza.

—Déjame decirte algo, hijo. Voy a volver a la tienda de tu padre, pero sólo porque es un buen hombre y no quisiera herirle porque tiene un hijo estúpido.

¿Qué podía decir yo?

—Ahí están los huevos —dijo.

Tenía razón, allí estaban los huevos. Los mismos huevos que me había traído hacía tres semanas, envueltos en el mismo papel de periódico, no hacía falta tener una gran vista para darse cuenta de estaban allí. Los miré un buen rato.

—Bueno, aclárate las ideas —dijo—. ¿Los quieres o no?

Me tenía pillado, y lo sabía. El gran negociador había sido vencido.

Los cogí con delicadeza y me di la vuelta para marchar, pero ella me detuvo y me señaló con el dedo otro paquete.

—Aquí hay dos docenas más por las dos semanas pasadas. Asegúrate de que tu padre las recibe todas.

Ten en cuenta siempre los sentimientos de las personas con las que estás negociando. Si las ofendes o humillas no querrán negociar contigo entonces... ni el futuro.

Cuando estás haciendo un negocio, no tiene que haber un perdedor. De hecho, todos tienen que ganar si se negocia correctamente. El mejor resultado posible es una venta que deje a todos satisfechos.

Este libro nos mostrará cómo caminar sobre la cuerda floja de las negociaciones y, al mismo tiempo, unir los acuerdos que perduran.

Mientras tanto, trate con tiento a la señora Fittler y no se olvide de comprarle cada semana su docena de huevos.

CAPÍTULO 2

Todo el mundo negocia

■ ■ ■

*Cuando una persona con dinero
se encuentra a una persona con experiencia,
la persona con experiencia gana el dinero
y la persona con dinero gana experiencia.*
HARVEY MACKAY

¿Qué es la negociación?

Todos negociamos porque la negociación es simplemente una forma muy efectiva de conseguir lo que queremos. Negociamos para arreglar nuestras diferencias y negociamos por propio interés para satisfacer nuestras necesidades.

En la negociación ambas partes tienen intereses comunes e intereses conflictivos. A menos que ambos estén presentes, la negociación no tiene sentido. Aunque numerosas diferencias o intereses conflictivos separaron a la URSS y a EE. UU., ambos prefirieron negociar antes que declarar la guerra a causa de los intereses comunes que compartían en lo referente a reducir los costes y peligros de un conflicto armado de difícil control.

Sólo negociamos cuando la alternativa a la negociación —esto es, una negativa— resulta peor. Las potencias prefieren invadir a negociar porque creen que un ataque les reportará mayores beneficios que hablar. Los empresarios echan a sus trabajadores, los sindicatos llaman a la huelga, las naciones luchan unas con otras y los litigantes batallan en los juzgados por razones similares.

A menudo confundimos negociación con otras formas de resolver conflictos. Sabemos que estamos negociando cuando tenemos la autoridad y la habilidad para variar los términos, dar tanto como se toma. Las negociaciones, en esencia, implican hacer intercambios en las concesiones y en las demandas. La negociación es, por lo tanto, mucho más que persuasión.

Podemos intentar convencer a un empleado al que es difícil hacerle cambiar de conducta, pero a menos que podamos variar las condiciones y tengamos recursos, estaremos discutiendo nuestra forma de ser a través de un problema.

Hablar por dinero

Cada día negociamos. Todavía sólo unos pocos de nosotros apreciamos lo que podríamos empezar a alcanzar si pudiéramos negociar con todo nuestro potencial.

En mis seminarios sobre negociación, comienzo por exponer las virtudes que tiene convertir un conflicto en un acuerdo. Todo el mundo, se diría, quiere ser capaz de cerrar más ventas, construir relaciones de trabajo a largo plazo y saber identificar cuáles son las necesidades de sus clientes.

En las sesiones de economía el interés se eleva cuando demuestro el impacto que tienen las técnicas de negociación en los beneficios, especialmente cuando el auditorio está compuesto por hombres de negocios.

Observemos los datos de ventas y costes mostrados en contraste por las Industrias Boidur:

1. El departamento de ventas, negociando el precio, obtuvo un incremento del 1 %, que significó la entrada de 252.250.000 pesetas (15.195.784 €) obteniendo un aumento general del 1 % del precio de venta.

2. Los compradores, negociando un recorte del 1 % en los precios de los suministros, se ahorraron un total de 77.755.000 pesetas (568.403 €).

3. El personal, en sus negociaciones laborales del 1 %, se ahorró 100.000.000 pesetas (6.024.100 €).

4. Sumando estos ahorros, el aumento de beneficios resulta del 21 %. Y ese 21 % de aumento en los beneficios se ha logrado sin producir ni un kilogramo extra de producto.

Los negociadores reivindican que es mejor hablar por dinero que trabajar por dinero. A la vista de los resultados, declaraciones como estas no resultan asombrosas.

INDUSTRIAS BOIDUR		
	Montante inicial **(en millones de ptas.)**	**Tras una mejoría** **del 1 % en las ventas** **o en los gastos** **(en millones de ptas.)**
1. **Total de ventas**	**25.225.000 (151.957)**	**25.447.000 (153.295)**
2. Total de compras	7.775.000 (46.837)	7.697.250 (46.398)
3. Mano de obra	10.000.000 (60.240)	9.900.000 (59.638)
Total otros costes	5.400.000 (32.530)	5.400.000 (32.530)
Total costes	**23.175.000 (139.608)**	**22.997.200 (138.537)**
4. **Beneficios sin impuestos**	**2.050.000 (12.349)**	**2.480.000 (14.939)**

Todavía tengo que encontrar a alguna persona, empresa u organización no lucrativa que no pueda incrementar los resultados de sus negociaciones por lo menos un 1 %. Tenga en cuenta que los porcentajes más habituales oscilan entre el 5 y el 10 %.

Si un trabajador que cuente con un salario anual de 6.875.000 pesetas (41.415 €) negocia un 5 % de incremento salarial, recibirá un dinero extra de 13.750.000 pesetas (82.831 €) a lo largo de una vida de 40 años de trabajo. Haga este cálculo con usted mismo.

LAS SIETE ETAPAS
DE UN ACUERDO

R-E-S-P-E-T-O

Las siete etapas de un acuerdo

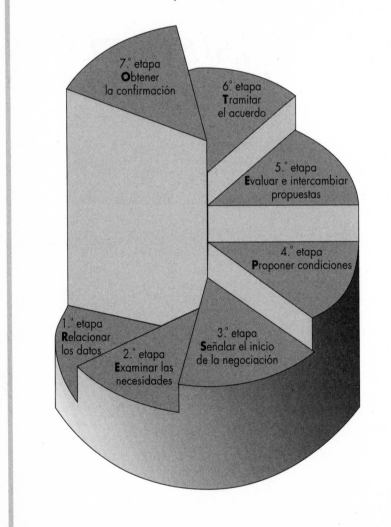

7.º etapa
Obtener
la confirmación

6.º etapa
Tramitar
el acuerdo

5.º etapa
Evaluar e intercambiar
propuestas

4.º etapa
Proponer condiciones

1.º etapa
Relacionar
los datos

2.º etapa
Examinar las
necesidades

3.º etapa
Señalar el inicio
de la negociación

CAPÍTULO 3

RESPETO:
las siete etapas
de un acuerdo

■ ■ ■

Un objetivo sin un plan es un sueño.
DOUGLAS MCGREGOR

El proceso de la negociación se puede dividir en siete etapas que forman el acrónimo RESPETO.

En un intento de alcanzar el acuerdo, los negociadores se mueven de aquí para allá siguiendo el orden de las etapas y dedicando a cada una de ellas el tiempo necesario.

En cada paso se utilizan técnicas y habilidades distintas. Una vez distingamos en qué etapa nos encontramos podremos determinar nuestra línea de acción.

En la primera etapa hay que preparar el programa de actuación *relacionando* los datos que poseemos y los objetivos que deseamos conseguir. Para ello deberemos tener en cuenta los siguientes pasos:

— fijar y priorizar objetivos;
— hacer una lista de las cuestiones que deben tratarse;
— determinar las concesiones que se pueden hacer y las que deben recibirse;
— reunir la mayor cantidad de información posible;
— planear la estrategia y las tácticas de apoyo.

En la segunda etapa, es necesario *examinar* las necesidades de cada uno. En esta etapa nos entrevistaremos con la persona interesada para:

29

— aclarar las necesidades propias y ajenas;
— ensayar los supuestos;
— crear una buena relación para conseguir un ambiente de provecho mutuo;
— comunicar nuestras primeras intenciones;
— conocer las primeras intenciones del otro.

En la tercera se *señala* el inicio de la negociación. A menudo ambas partes comienzan fortaleciendo sus posturas. Para evitar malentendidos, lo mejor es proceder de la manera siguiente:

— indicar que se está listo para entablar la negociación;
— responder a las propuestas de los contrarios y propiciar el entendimiento mutuo.

En la cuarta hay que *proponer* las primeras condiciones. Para llevar la negociación adelante debemos:

— insinuar nuestras propuestas para entrever las posibles concesiones que podemos hacer y obtener;
— dar a las propuestas rechazadas una forma más aceptable.

En la quinta hay que *evaluar* e intercambiar las propuestas. En estos casos, lo mejor es:

— negociar los puntos que nos interesan concediendo algunas de las peticiones a nuestros interlocutores a cambio de satisfacer algunas de las nuestras.

En la sexta hay que *tramitar* el acuerdo. Para no vernos obligados a hacer demasiadas concesiones, deberemos procurar lo siguiente:

— cerrar el trato de la manera más aceptable para ambas partes.

Por último hay que *obtener* la confirmación del acuerdo. Para ello, deberemos:

— confirmar exactamente qué se ha acordado;
— hacer un sumario de los detalles por escrito;
— acordar un plan para dirimir posibles diferencias futuras.

Un buen acuerdo es aquel que funciona, dura y deja a ambas partes satisfechas.

El campo de negociaciones

Cuando las dos partes se encuentran en el proceso de negociación y se acercan una a otra y pactan, se están moviendo en el *campo de negociaciones* o la *zona de acuerdos*.

Esto se ve mejor en un diagrama. Pensemos en un industrial y en el dueño de una propiedad que negocian sobre el precio de un almacén. El dueño del edificio ha pedido 87.500.000 pesetas (527.108 €) y no piensa bajar más de 50.000.000 pesetas (301.204 €), su precio mínimo. No lo sabe, pero el industrial está dispuesto a pagar hasta 62.500.000 pesetas (376.506 €), su precio máximo.

El campo de negociaciones se extiende desde el precio mínimo del vendedor al precio máximo del comprador. El trato debe alcanzarse en algún punto intermedio de esta zona de acuerdos.

ZONA DE ACUERDOS

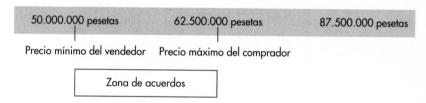

Imaginemos que el precio mínimo del industrial fuese de 43.750.000 pesetas (263.554 €), mientras que el del vendedor ascendiese a 50.000.000 pesetas. Tal como muestra el diagrama de arriba, no habría zona de acuerdos.

NO HAY ZONA DE ACUERDOS

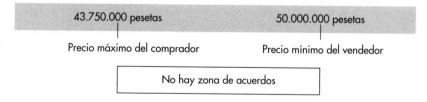

A menos que las partes estén preparadas para moverse, la negociación se paralizará. Una vez están en el campo de las negociaciones, las dos partes pueden utilizar sus técnicas de negociación para alcanzar un acuerdo.

R-E-S-P-E-T-O

Las siete etapas de un acuerdo

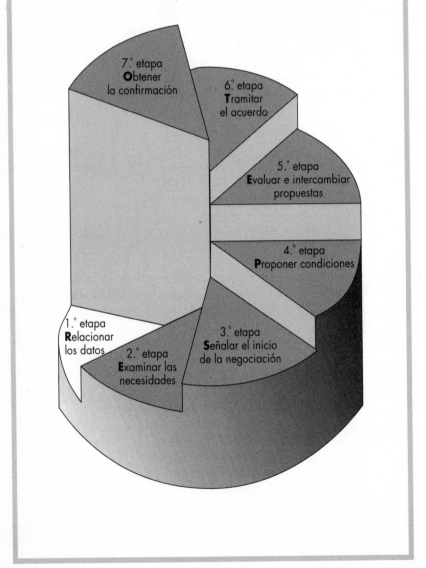

7.° etapa
Obtener
la confirmación

6.° etapa
Tramitar
el acuerdo

5.° etapa
Evaluar e intercambiar
propuestas

4.° etapa
Proponer condiciones

1.° etapa
Relacionar
los datos

2.° etapa
Examinar las
necesidades

3.° etapa
Señalar el inicio
de la negociación

CAPÍTULO 4

Primera etapa: relacionar los datos

■ ■ ■

Si tuviera nueve horas para cortar
un árbol, pasaría seis horas
afilando mi hacha.
ABRAHAM LINCOLN

La atención en los detalles cuando se prepara una negociación a menudo suele marcar la diferencia entre éxito y fracaso. La mayoría de negociaciones se pierden más a causa de una pobre preparación que por otros motivos.

Los grandes negociadores, por esta razón, hacen sus deberes. Conocen sus asuntos, conocen a sus oponentes, saben lo que quieren, y saben cómo conseguirlo.

En 1972 la sequía hizo estragos en la cosecha de grano de Ucrania y dejó a los rusos sin apenas reservas de trigo.

El suministro se encontraba en EE. UU., que por aquel entonces se ahogaba en grano. El gobierno americano incluso pagaba a los granjeros para que no lo cultivaran e intentaba frenar la producción de trigo de otros países pagando subsidios a su exportación de grano, siempre que el precio nacional se aprobase en 60 dólares por tonelada.

El 29 de junio de 1972, un grupo de expertos llegó a EE. UU. para embarcarse en la adquisición de la mayor compra de grano de la historia: tenían instrucciones de comprar 20 millones de toneladas de grano.

Los rusos, sin hablar del verdadero volumen de compra que deseaban, le pidieron al gobierno estadounidense que mantuviese retenida la noticia con el pretexto de que no querían alterar los ya volátiles mercados. Los rusos sabían que si la información de la escala de sus compras trascendía, los precios subirían como un cohete.

Entonces los rusos convocaron a Michael Fribourg, propietario de Continental Grain, una de las compañías de grano más grandes de América. Tranquilamente, los rusos le pidieron a Fribourg su mejor precio por cuatro millones de toneladas de trigo. Fribourg casi no podía creer lo que oía: si se llevaba a cabo, ese sería el mayor pedido de grano que se había tramitado.

Antes de dar un precio, Fribourg dijo que debía consultar con el Departamento de Agricultura de EE. UU. si los subsidios de exportación se aplicaban en ventas de esa escala, especialmente si los compradores eran rusos. El secretario del Departamento de Agricultura para asuntos interiores, Carroll Brunthaver, le aseguró a Fribourg que obtendría el subsidio. (Brunthaver, quien luego afirmó que no había consultado con nadie del departamento, estuvo en su puesto sólo once días).

Fribourg ofrecía ahora el trigo a los rusos por 60 dólares la tonelada y entonces comenzó a comprar el excedente de trigo de los muchos granjeros desesperados de los alrededores.

Mientras tanto, los rusos repitieron la jugada con los otros grandes productores de grano. Cuando la bonanza de compra finalizó en agosto de 1972, los rusos habían comprado 20 millones de toneladas de grano, muchos de ellos por debajo de las tarifas imperantes, por 1.200 millones de dólares.

Fue el negocio de grano del siglo. Cuando los cinco gigantes del grano de EE. UU. pidieron sus subsidios, la cuenta de las tasas ascendía a 316 millones de dólares.

En el momento en que el director de presupuestos de EE. UU., Casper Weinberger, tomó medidas para ordenar el fin del subsidio a las exportaciones de trigo, ya era demasiado tarde. Los rusos habían negociado todo lo que necesitaban.

En la investigación sobre la venta de trigo que siguió después, el secretario de Agricultura admitió que no tenía idea de hasta qué punto necesitaban los rusos el grano. Tenía poca información sobre la magnitud de las ventas que se estaban llevando a cabo.

Las repercusiones de la transacción continuaron durante la mayor parte del siguiente año.

Debido a la escasez, los precios del trigo se triplicaron y la escasez de piensos para su alimentación se incrementó en un 50 % el precio de la carne y los productos avícolas.

El presidente Nixon evaluó los efectos de haber sido cogidos desprevenidos. «Nos han dejado fuera de combate», dijo el presidente.

Cómo preparar un MAPAN

Las limitaciones

La mayoría de nosotros ha negociado algún acuerdo que debería haber rechazado.

Supongamos que entro en una tienda de antigüedades y me encapricho de una silla de estilo napoleónico.

Después de mucho regatear, pago unas 156.250 pesetas (941 €) después de haber obtenido una rebaja de 18.750 pesetas (112 €) del precio establecido.

Cuando llego a casa, me doy cuenta de que esas 156.250 pesetas eran el máximo que podía ofrecer y de que me proponía gastarme sólo 106.240 pesetas (640 €).

Los negociadores se suelen proteger de presiones y tentaciones como esta fijándose de antemano unos límites. A la hora de comprar, el límite es el precio máximo que puede pagarse. A la hora de vender, en cambio, el límite es el precio mínimo que se está dispuesto a aceptar.

Veamos el siguiente ejemplo: dos socios deciden vender su negocio por 250 millones de pesetas (15.060.240 €) y acuerdan no aceptar ninguna oferta inferior a 200 millones (12.048.192 €) ya que creen que si no perderían dinero.

Los límites, de cualquier modo, carecen de flexibilidad. Por definición, un límite es una postura que no debe ser cambiada, y una vez que mentalmente nos anclamos en un límite, cerramos nuestros oídos a nuevas informaciones que podrían hacernos cambiar de postura, tanto hacia arriba como hacia abajo.

Los límites ahogan la creatividad. Ya no hay ninguna iniciativa que dé lugar a una solución imaginativa que mejoraría el valor de ambas partes. Casi todas las negociaciones implican más de una variable.

En lugar de vender el negocio por 200 millones de pesetas, se saldría ganando si se vendiese por 150 millones de pesetas (9.036.144 €), la garantía del asesor del nuevo dueño y los derechos de todas las ventas de un paquete logístico que se consideran de un inmenso potencial.

Los límites, a causa de su rigidez, bloquean las soluciones imaginativas como esta.

Además, los límites no son realistas. Los compradores son famosos por imponerse límites irreales en los precios de compra, mientras que los vendedores generalmente sobrevaloran sus bienes, tratando de obtener el máximo beneficio.

El MAPAN

Para vencer los límites irreales y rígidos, los profesores de Harvard Roger Fisher y William Ury acuñaron el acrónimo BATNA (en español, MAPAN), que corresponde a la expresión *Mejor Alternativa Para un Acuerdo Negociado (Best Alternative To a Negotiated Agreement)*. Se trata de un no-acuerdo estándar usado para juzgar cualquier acuerdo propuesto.

Un MAPAN implica tres pasos.

1. Se prepara una lista de cuanto puede hacerse si no se llega a un acuerdo.

Imaginémonos que una persona trabaja como editor en una capital de provincias y debe negociar su salario y su paquete de beneficios. No hay muchas alternativas: dimitir y trasladarse a otra ciudad donde hay más editoriales de una temática similar o bien iniciar una carrera profesional en otro ámbito laboral.

2. Se estudian las opciones más favorables y se escogen las más adecuadas.

El editor telefonea a las agencias de empleo de la localidad y a las de otras ciudades para saber si hay alguna oferta que se adecue a su perfil profesional y obtiene dos referencias. Sin embargo, para no depender de ellas, intenta obtener un trabajo en otro campo, reescribe su currículum y se presenta a tres entrevistas de trabajo. Graphitec, una empresa de maquinaria para artes gráficas, precisa crear un pequeño departamento editorial. Además, una importante industria química necesita un encargado para su departamento de ventas y promoción.

3. Finalmente, se escoge la mejor opción. Esta es el MAPAN.

La pareja del editor no quiere cambiar de ciudad, por lo que decide cambiar de campo y entrar en las relaciones públicas.

Armado con un fuerte MAPAN, se puede negociar con poder y confianza. Por otro lado, si el MAPAN es peor de lo que se esperaba, habrá que moderar las demandas.

Siempre es provechoso considerar cuál es realmente el MAPAN del contrario. ¿Qué alternativas, por ejemplo, tienen nuestros superiores? ¿Con qué facilidad podrían reemplazarnos?

Así, el MAPAN nos muestra cómo mesurar nuestras propuestas sobre posibilidades realistas, antes que sobre límites demasiado rígidos. Con él nunca se negociará a ciegas, y cuanto más fuerte sea, mayor será el poder negociador. Si la oferta de la otra parte es mejor que nuestro MAPAN, deberemos aceptarla; si es peor, negociaremos para mejorarla.

Si una negociación está yendo mal, no vacilaremos en revelar cuál es el MAPAN para incrementar nuestra influencia. Solamente se debilitará nuestra posición si este es peor del que la otra parte imagina.

En el caso de caer en un atolladero, habrá que recurrir a él. Hay que tener en cuenta que un MAPAN, después de todo, es una alternativa de negociación. Tal vez la mejor.

Los negociadores hábiles trabajan para mejorar su MAPAN.

La agencia Turismo Natural no está pasando una buena época financiera: el número de turistas ha bajado y el banco acaba de subir los intereses. Para reducir su deuda, la propietaria de Nature Tours, Carmen Rivera, decide vender un barco especializado construido por encargo y diseñado para navegar en los pantanos poco profundos. Antonio Monegal, que maneja un negocio similar en una región vecina, le ofrece 2.125.000 pesetas (12.801 €) por la embarcación. Carmen está a punto de vender, pero decide investigar un poco.

El vendedor local de barcos, Amador Vega, le dice que hay muy poca demanda de barcos especializados como este y le ofrece 1.500.000 pesetas (9.036 €).

Ante esta oferta, la de 2.125.000 pesetas de Antonio Monegal, parece de pronto mucho más atractiva, aunque está todavía muy por debajo de los 7.875.000 pesetas (47.439 €) que costaría arreglar el barco.

PRECIO DEL BARCO

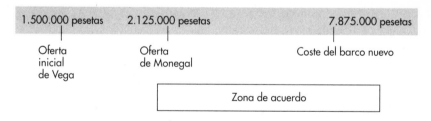

PRECIO DEL BARCO

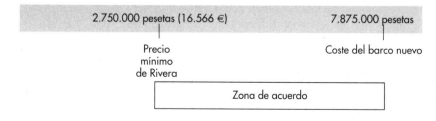

Carmen, repentinamente, tuvo una iluminación. La universidad local tal vez estuviese interesada en comprar el barco para su programa de investigación.

Desgraciadamente la universidad no tenía fondos disponibles, pero si Carmen donase el barco para hacer una donación de aproximadamente 2.750.000 pesetas, lograría un importante recorte en sus impuestos.

Aumentando su MAPAN, Carmen eleva su precio mínimo de 2.125.000 pesetas a 2.750.000 pesetas. Armada con esta información, llama a Monegal quien, tras una breve reunión de negocios, acuerda pagar 3.062.500 pesetas (18.448 €).

Veamos cómo el Gobierno maltés mejoró su MAPAN mientras, al mismo tiempo, empeoraba el del gobierno británico en sus negociaciones sobre la renovación de los derechos de la base naval situada en Malta en 1971.

Durante la segunda guerra mundial la base naval de Malta desempeñó un papel crucial en los planes de defensa naval británica. En la década de los años setenta, de todos modos, las bases maltesas perdieron importancia a causa de los avances en el diseño de los barcos y los cambios en las estrategias de guerra.

Para rentabilizar sus bases, los malteses se pusieron en contacto abierto con la URSS con la propuesta de poner una base en Malta. También se lo ofrecieron a Libia y otros estados árabes a cambio del pago de una larga ayuda económica por la neutralidad de Malta.

Esto llevó no sólo al aumento del MAPAN de Malta con el Reino Unido, sino que a la vez empeoró el MAPAN británico. El *Times* de Londres publicó: «Lo importante... no es que [las facilidades] sean menos necesarias en una época de guerra nuclear, sino que no deberían estar en posesión de los rusos».

Al tiempo que aumentaba la presión sobre el Reino Unido, los malteses trasladaron el asunto hasta los aliados de los británicos en la OTAN, los cuales, por turno, expresaron su opinión sobre tan delicado asunto.

Como resultado, el Reino Unido incrementó el pago de su renta en un 400 %, mientras otros miembros de la OTAN le proporcionaban una ayuda adicional a Malta. Los malteses mejoraron su propio MAPAN y al mismo tiempo empeoraron el de los demás. En resumidas cuentas, el negocio fue redondo.

De este modo, el trato lo resolvió con un acuerdo ventajoso para Carmen.

De nuevo comprobamos la importancia de llevar a cabo una negociación correcta, basada en el uso de la estrategia del MAPAN.

Redactar una lista de prioridades

El propósito de negociar es satisfacer nuestros intereses. Los intereses son los que nos motivan e incluyen nuestras necesidades, deseos, preocupaciones y miedos.

Reconciliar intereses

Muy a menudo, en las negociaciones, olvidamos que para arreglar nuestras diferencias debemos reconciliar nuestros intereses y, tontamente, nos dedicamos a concentrarnos exclusivamente en nuestras posiciones.

Dos hermanas, Amy y Alicia, están discutiendo por la última naranja que queda en el frutero. «Es mía, es mía», grita Amy. «Pero yo la quiero», contesta Alicia.

Entra su madre. «Basta de discutir —les dice mientras coge un cuchillo y corta la naranja por la mitad—. Toma, media para ti, Alicia, y media para ti, Amy».

Dividir por la mitad parece la mejor solución que pueda imaginarse en este caso.

Cuando la madre fue a ver qué hacían las niñas poco después, se encontró con que Amy había exprimido la naranja para hacerse un zumo, mientras que Alicia usaba la piel para un pastel que estaba preparando.

Este cuento es típico de muchas negociaciones donde ambas partes toman y defienden una postura.

A menos que una de ellas esté preparada para ceder, el resultado es un punto muerto.

Si ambas partes se hubiesen tomado el tiempo de escarbar en sus posiciones cuestionándose cada una sus verdaderos intereses, ambas podían haber conseguido todo lo que querían. Amy podía haber tenido todo el jugo y Alicia toda la piel.

Es fácil entender por qué los negociadores se centran en sus posiciones. Las posiciones suelen ser obvias y muy fáciles de identificar, mientras que los intereses suelen parecer poco definidos, intangibles y oscuros.

Hace unos cuarenta años, el psicólogo Abraham Maslow construyó un modelo de motivación para las necesidades humanas. Aunque esto no significa una explicación completa, todavía resulta útil para explicar lo que nos motiva.

Maslow identificó cinco categorías diferentes de necesidades que él ordenó por jerarquías.

1. *Necesidades físicas básicas.* Nuestra primera necesidad se encuentra en cosas esenciales como comida, ropa o cobijo.

2. *Necesidades de seguridad.* Después de que nuestras necesidades básicas estén satisfechas, centramos nuestra atención para encontrarnos seguros y a salvo de peligros.

3. *Necesidades sociales.* Todos nosotros necesitamos pertenecer y satisfacer nuestra necesidad de amor, afecto y afiliación.

4. *Necesidades de estima.* Al progresar en la jerarquía de necesidades, deseamos el reconocimiento de los demás. Prestigio, estatus, respeto y fama son necesidades intangibles que nos otorgan los demás.

5. *Necesidades de autosatisfacción.* La última necesidad o motivo que nos mueve es la autosatisfacción o autorrealización.

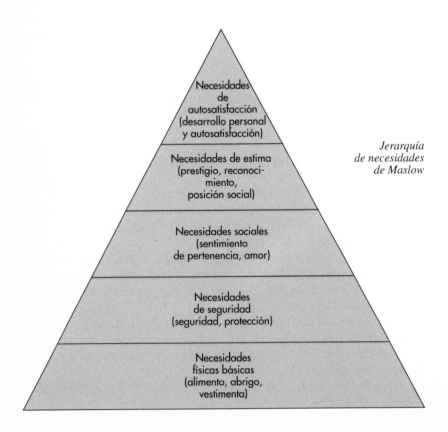

*Jerarquía
de necesidades
de Maslow*

Michael Renz es uno de los mayores triunfadores del equipo de ventas alemán de Mercedes Benz. En dos años incrementó en un 80 % su volumen de ventas en uno de los territorios más difíciles de Alemania. Por término medio se reunió con el cliente unas cinco veces antes de cerrar una venta. Durante ese tiempo, continuamente tanteó sus expectativas con preguntas para descubrir sus necesidades. Entonces emparejó los motivos de compra descubiertos en su investigación con la jerarquía de necesidades de Maslow.

Si le revelaban una necesidad de imagen y estatus, la emparejaba con sus *necesidades de estima*, y aprovechaba características tales como un bello e intenso color, la pintura metalizada o la ruedas de aleación.

Si le indicaban una necesidad de seguridad, la relacionaba con los dispositivos de seguridad. Entonces vendía las características que implicaban seguridad, como la estructura del coche y el airbag.

Descubrir las necesidades es como comprar regalos. Cuando se adquieren para los amigos más íntimos, probablemente se nos ocurren docenas de cosas que estarían encantados de recibir, ya que conocemos sus necesidades y sabemos cuáles son sus intereses más inmediatos. Comprar regalos para extraños es, desde luego, mucho más difícil.

Una salida fácil sería no buscar un regalo concreto. Se les puede mandar dinero. (Eso es lo que los vendedores hacen siempre. Cuando no pueden molestarse en descubrir sus necesidades, simplemente recortan el precio).

Otro camino sería observar lo que los otros regalan a personas parecidas y seguir sus pautas. Ambas soluciones no son recomendables. Si queremos hacer tratos que duren y sean buenos para ambas partes, deberemos tomarnos un cierto tiempo para descubrir las necesidades de la otra parte.

Año: 1955. Escenario: la oficina central de una cadena americana de venta al por menor. Un joven empresario, Akio Morita, de la Sony Corporation de Japón, está vendiendo uno de los primeros transistores de radio del mundo.

El comprador está entusiasmado.

—¿Puede darme un precio por 5.000, 10.000, 30.000, 50 000 y 100.000 radios? —preguntó.

Akio Morita volvió al día siguiente con el precio. El comprador observó las tarifas con asombro, no podía creer lo que sus ojos estaban viendo. Dejó el papel y pacientemente dijo:

—Señor Morita, he trabajado como agente de compras casi durante treinta años, y usted es la primera persona que entra aquí y me dice que cuanto más compre, más caro será el precio de la unidad. ¡Es totalmente ilógico!

Akio Morita le explicó:

—Por el momento no tenemos la capacidad para producir 100.000 radios. Si aceptamos su encargo de 100.000, tendremos que aumentar en gran medida nuestra capacidad. Se necesitaría una infraestructura gigantesca. Es una jugada arriesgada, y si no se repite el pedido al año siguiente nos encontraremos con graves problemas, tal vez la bancarrota. Sólo estoy preparado para aceptar un pedido enorme si de él sacamos los beneficios suficientes para costear la inversión que nos veremos obligados a hacer. En Japón no podemos echar y contratar gente, sencillamente, cuando nuestros pedidos suben o bajan. Estamos comprometidos con nuestros trabajadores a largo plazo, como ellos lo están con nosotros.

Cuando al comprador se le pasó el susto, sonrió y encargó cien mil radios al precio de unidad de un encargo de diez mil. Nunca más dio por supuesto que todos los vendedores tienen los *mismos intereses*.

Identificar los intereses de la otra parte

Si somos honrados con nosotros mismos, no tendremos muchos problemas para identificar nuestros propios intereses. Descubrir las necesidades de nuestro oponente requiere más imaginación y habilidad.

Para identificar los intereses de la otra parte deberemos ser capaces de meternos en la cabeza de nuestro contrincante. Hemos de demostrar empatía —o, como dicen los indios sioux, «andar con los mocasines de nuestro vecino».

Para identificar los intereses de nuestro oponente examinaremos cada una de sus posiciones y nos preguntaremos por qué. Imaginemos la actitud que debería tomar el agente de Christina Petros, una pujante cantante de ópera. Una compañía quiere contratarla para que represente el papel principal, pero pretende pagar sólo 3.500.000 pesetas (21.804 €), lo cual supone un descenso significativo en sus honorarios, que son de 5.250.000 pesetas (31.626 €) por una producción de este tipo. El agente sabe que la última producción de esa compañía fue un desastre económico y que no pueden arriesgarse a sufrir tal pérdida. Por consiguiente, les dice que la Petros aceptará 3.500.000 pesetas de honorario y los derechos de cada asiento ocupado por encima del 75 % de la capacidad de la sala. Si se agotan las localidades, ella ganará 8.125.000 pesetas (48.945 €). La compañía de ópera accede.

Otro camino para descubrir los intereses de la parte contraria consiste en hacer una lista con cada uno de los puntos que se desea que esta asuma. Es un buen momento para preguntarse qué habríamos de hacer si nuestras propuestas no fuesen aceptadas. Las respuestas deben tener en cuenta siempre los intereses de ambas partes.

Cómo hacer una lista de objetivos

Determinar las cuestiones que deben tratarse

En primer lugar, deberemos preparar una lista con todas las cuestiones que se desea tratar. Una vez hayamos identificado nuestras necesidades, empezaremos a trazar los objetivos.

Para convertir nuestros intereses en objetivos concretos nos preguntaremos qué es lo que deseamos que haga la otra parte si está de acuerdo con nosotros.

Si estuviésemos negociando nuestro salario y las condiciones de trabajo, deberíamos decirnos: «Un salario de 8.125.000 pesetas al año satisfaría mis intereses si se pagara como yo creo que valgo. Un contrato de cinco años además de una prima aparte en pagos fraccionados cuando acabe, satisfará mis intereses de recibir una seguridad laboral adecuada». El salario, el contrato y los pagos fraccionados son las cuestiones que serán negociadas.

Cuando preparemos una negociación, escribiremos una lista de todas las cuestiones posibles. Los negociadores profesionales siempre intentan multiplicar el número de posibles cuestiones que se deben negociar. Cuantas más haya, más fácil será crear un paquete que satisfaga las necesidades del otro.

Los negociadores no profesionales a menudo intentan simplificar los asuntos al concentrarse en unas pocas cuestiones. Desgraciadamente, cuanto menor sea el número de cuestiones a tratar, mayor será la dificultad para crear un acuerdo en que ambas partes ganen. En una negociación en la que se trate una sola cuestión —como, por ejemplo, comprar un coche—, cuando una parte dé un paso, la otra retrocederá. Es un caso clásico en el que se gana y se pierde. Si, por otro lado, se aumentan las cuestiones, también se multiplican las variables y con ello las posibles salidas. De este modo, puede negociarse un acuerdo que sea bueno para ambas partes.

Clasificar las cuestiones

Una negociación implica que del mismo modo que se da, también se toma. Es improbable que se logre conseguir todas las metas y sólo se ceda en ciertas cuestiones que los otros han clasificado por el mismo orden de importancia.

Esto quiere decir, por lo tanto, que debemos saber claramente qué cuestiones son de vital importancia y en cuáles podemos ceder, sin dañar nuestros intereses.

Para ello, clasificaremos nuestras cuestiones en tres grupos:

1. *Prioridad alta*. Las prioridades más importantes son aquellas que *debemos conseguir*. Estas son las cuestiones esenciales. Si no las conseguimos, dejaremos la mesa de negociaciones y nos iremos.

2. *Prioridad media*. Las prioridades moderadas son aquellas que *deberíamos conseguir*. Esperaremos conseguirlas y, en efecto, nos disgustaremos mucho si no logramos obtener la mayoría de ellas.

3. *Prioridad baja*. En este grupo se encuentran aquellas cuestiones que *podríamos conseguir*. Nos gustaría tenerlas, pero estamos preparados para ceder en el orden que hemos decidido.

Valorar cada cuestión

Los negociadores profesionales conocen el valor de cada una de las cuestiones que están tratando. Si están negociando un sistema informático, saben perfectamente lo que cuesta conceder un transporte gratuito, la instalación durante el fin de semana, la documentación extra y un crédito largo.

Mientras se preparan, evalúan el coste de cada variable y nunca se olvidan de preguntar cuál es su coste.

Prácticamente cualquier tema en un trato de negocios puede ser reducido a un valor monetario objetivo. Si observamos el valor de la buena voluntad de un contable en un negocio que pensamos vender, mal asunto. Por el contrario, veremos rápidamente los beneficios al darle un valor monetario a cada cuestión, incluso si estas son intangibles.

Después de considerar el valor que tiene cada cuestión para nosotros, deberemos preguntarnos qué valor tienen nuestras intenciones para el otro.

Las diferencias acerca de cómo valoramos las cuestiones conforman las bases para una negociación exitosa.

La esencia de un buen trato se encuentra en cambiar los bienes que para nosotros son fáciles de conceder, pero que a la otra parte le resultan valiosos.

Determinar los objetivos de la otra parte

Una vez que hayamos hecho una lista de nuestros propios objetivos, haremos lo mismo con los de la otra parte.

Esto nos ayudará a contestar tres preguntas muy importantes, relativas a los de la otra persona:

— ¿qué quiere el otro realmente?;
— ¿hasta dónde puede llegar en cada cuestión?, ¿cuáles son sus límites?;
— ¿cuáles son sus prioridades?

Este ejercicio es siempre difícil e implica muchas especulaciones. Calcular las prioridades del contrario es tan difícil como calcular sus límites máximos.

A pesar de todo, su importancia es decisiva. Analizar la negociación desde la perspectiva de la otra parte da lugar a revelaciones que no tienen precio.

Comparar las prioridades

Una vez hayamos estudiado sus prioridades, podemos compararlas con las nuestras.

Cada diferencia nos proporciona una oportunidad potencial de negociar, y una vez que las tenemos estaremos preparados para hacer una lista de posibles tratos.

Reunir información valiosa

Como encargado de ventas de Electrónica Martel, César Hernández era consciente del gran número de tentativas de venta que se estaban perdiendo en las reuniones de trabajo. Para descubrir qué estaba pasando, le pidió a todo el equipo de ventas que recogiera el máximo de información que pudiera de sus competidores antes de hacer ninguna propuesta.

Reunieron datos de informes de ventas pasadas, analizaron los informes anuales de sus competidores y acumularon datos sobre los productos de sus competidores en las ferias de muestras. También compraron muestras de los productos de sus competidores y las analizaron. Habiendo acumulado la máxima información que pudieron, prepararon su propuesta.

CÓMO REUNIR INFORMACIÓN DE EMPRESAS

En el sector de los negocios cada vez más empresas están acumulando información de forma sistemática. Aquí hay algunos puntos donde se puede reunir información asequible.

Bases de datos. Existen miles de bases de datos que contienen artículos de periódicos, revistas, directorios de mercados, informes de análisis de *stock* y de otras fuentes.

Revistas de comercio especializadas. Las revistas de comercio incluyen anuncios de cambios de personal, nuevos productos y horarios de las conferencias.

Recortes de diario. Los servicios de recogida de información en prensa pueden proporcionar datos de cualquier tema.

Estudios de investigación de mercado. Prácticamente cada industria publica informes de investigación de mercado.

Conferencias. Las ferias comerciales son grandes fuentes de folletos, información industrial impresa y de otros tipos.

En cuanto a los resultados, cuando no se había reunido información sobre sus competidores, el departamento de ventas ganó sólo el 37 % de las tentativas. Sin embargo, en las tentativas que usaron la información de sus competidores, el departamento de ventas ganó el 83 % de ellas.

El conocimiento es poder en la negociación. La parte que posee más información generalmente acabará haciendo el mejor trato. A veces olvidamos que las negociaciones existen a causa de una carencia de información.

Si, por ejemplo, supiésemos cuál es la renta mínima que aceptaría el terrateniente que nos alquila su propiedad, podríamos empezar en esta posición límite y negarnos a cambiarla. A partir de ahí no habría nada que negociar.

La información incompleta es, por consiguiente, la norma de las negociaciones, no la excepción.

Cuando debamos prepararnos, preguntaremos.

Informes públicos. Todas las compañías deben rellenar documentos para cumplir varias leyes. Algunos de estos documentos contienen información decisiva.

Anuncios. Los anuncios publicitarios de los productos de la competencia a menudo darán algunas claves de su estrategia comercial.

Vacantes. Los anuncios de oferta de empleo suelen aportar información útil a la hora de vender una carrera a los futuros empleados.

Contactos personales. Es preciso crear una cadena de contactos útiles en el campo de la industria donde se está operando. Los asesores y los empleados de los grupos del sector a menudo proporcionarán una información impagable.

Fuente: Leonard M. Fuld, *Monitoring the Competition, Find Out What's Really Going On Over There*, John Wiley & Sons, Nueva York, 1988.

1. *¿Con qué información cuento?*
Los negociadores experimentados continuamente recogen información de sus oponentes (informes anuales, notas de prensa, informes de transacciones pasadas, etc.). Todos deberán ser analizados.

2. *¿Qué información extra necesito?*
Si se está comprando ordenadores personales a un proveedor, necesitaremos los precios de sus competidores, descuentos y demás.

3. *¿Dónde y quién me puede proporcionar la información?*
La compilación inteligente requiere una mente ágil y muchas agallas. El oponente con el que se va a negociar no va a explicarnos cuáles son sus costes de producción. Sin embargo, debe de haber muchas personas que han trabajado en la misma industria y que estarán contentas de compartir sus conocimientos. Si estamos verdaderamente preocupados sobre la capacidad potencial de la entrega en los plazos de algún suministrador,

deberemos telefonear a alguno de sus clientes; la mayoría no tendrá ningún reparo en atendernos. No debemos ignorar fuentes obvias como el directorio de empresas y entidades que informan de quién es quién en los negocios.

La división de copiadoras de la Sociedad Xerox ha desarrollado una inteligente operación de recopilación para seguir la marcha de sus competidores.

El equipo comenzó revisando a fondo los documentos de las patentes. En el laboratorio de Xerox desmontó las máquinas de la competencia y calculó lo que costaba hacer cada pieza.

Para controlar el sistema de distribución de Kodak y tener a mano los costes, Xerox compró copiadoras Kodak, rastreó desde dónde las habían enviado y examinó el envoltorio. Entonces, los ingenieros descubrieron cómo se instalaban, cuánto tardaban en hacerlo y qué herramientas necesitaban. También contrataron los servicios de Kodak para ver al equipo de servicio en acción.

La información es especialmente poderosa cuando se negocia con un número de clientes o proveedores. Debemos recoger la máxima cantidad de datos posible sobre cada cliente y cada suministrador potencial. Entonces hay que hacer una lista de lo mejor que cada uno ofrece.

Cuando tomemos notas para recopilar, podemos decir: «Juan Roca, de la Sociedad Bendrix, ha ofrecido un 22,5 % de descuento y el pago a 60 días. José Antonio Aliseda, de la Sociedad Alpha Services, ha ofrecido una garantía que cubre a las dos partes y trabajo para dos años en lugar de lo que usted está ofreciendo». Los hechos específicos y los borradores dan una considerable ventaja.

Analizar a la otra parte

Antes de que el presidente Sadat de Egipto y el primer ministro Begin de Israel llegaran a Camp David en septiembre de 1978 para las críticas conversaciones de paz del Oriente Medio, el presidente americano Jimmy Carter tenía preparadas las biografías de los dos adversarios.

Los densos análisis psicológicos ahondaban en cada aspecto de las vidas de ambos hombres. ¿Qué había hecho de Sadat y Begin líderes nacionales? ¿Cuál era la raíz de su ambición? ¿Cuáles eran sus metas más importantes en la vida? ¿Tendrían reacciones similares bajo una intensa presión en tiempo de crisis? ¿Cuáles eran sus puntos fuertes y sus flaquezas? ¿En quién confiaban realmente? ¿Cuál era la actitud de uno con el otro?

Jimmy Carter quería saber exactamente qué le podía molestar a Sadat y a Begin. Durante 13 días Carter usó las pistas derivadas de su recopilación de información para mantener a los dos enemigos hablando mientras los empujaba hacia un acuerdo histórico.

Cuando nos encaramos a un negociador a través de una mesa, necesitamos saber si las necesidades de los otros negociadores no son las mismas que las de la organización a la que representan.

Por ejemplo: Enrique Sulla, vendedor de suelos de alto nivel, necesitaba solamente 9.750.000 pesetas (58.734 €) de ventas en los tres próximos días para alcanzar su cuota anual de ventas de 100.000.000 de pesetas para el año en curso. Si alcanzaba su meta de ventas, recibiría unas vacaciones pagadas de tres semanas en el Mediterráneo.

El cliente, Vincent Architectes, está planeando poner un suelo moderno en el año nuevo. Por eso, para forzar la venta, Enrique le ofrece un 22,5 % de descuento.

Cuando el jefe de Enrique se enteró de esa venta, le increpó:

—¿Por qué le has ofrecido un descuento? —dice—. Nuestra fábrica está al máximo de su capacidad y todavía nos quedan tres semanas de producción.

En la raíz del problema se encuentran las diferencias entre las necesidades de Enrique y las de la compañía para la que trabaja. Un negociador hábil descubrirá los diferentes grupos de necesidades y los convertirá en una ventaja.

Ensayar un papel

Una valiosa técnica de preparación consiste en simular una negociación que vaya a realizarse en breve representando ambos papeles. Lo mejor es pedir a un colega que nos ayude a poner en escena esta negociación fingida y que represente el papel de nuestro oponente. Haciendo el papel del contrincante pondrá en evidencia algunos puntos flojos de nuestro plan.

A menudo es más útil para nosotros ponernos en la piel de nuestro oponente. Las ideas que tengamos mientras defendemos los intereses del otro serán impagables cuando planeemos nuestra estrategia de negociación. Una de las mejores maneras de impedir que los argumentos de la otra parte nos influyan demasiado consiste en preparar argumentos en nuestra propia contra.

Cuando elijamos una persona para simular una negociación, debemos intentar que sea alguien que realiza la misma función que la persona con la que trataremos. Por ejemplo, si somos vendedores, le pediremos a alguien del departamento de compras que haga de comprador.

Si fuese posible, podríamos grabar en vídeo la simulación. Todo el mundo se beneficia al verse después, pues la grabación permite analizar todos los sucesos en tiempo real.

La importancia de comprobar una presuposición

En una feria agrícola, los ganaderos habían empezado a subastar los corderos, que ya habían separado de las ovejas. Una niña llorosa parecía particularmente preocupada por la venta. Cuanto más pujaban por su cordero, más gritaba ella.

Finalmente, un granjero acaudalado intervino, ofreció 125.000 pesetas (753 €), ganó la subasta y en un gran gesto público donó el cordero a la niña llorona.

«Cuando volví a casa, mi padre lo asó en la barbacoa. Estaba delicioso».

Cuando no se posee toda la información, se está obligado a hacer suposiciones. Todos hacemos suposiciones, tenemos que hacerlo. Cuando negociamos con alguna persona mayor, debemos suponer inmediatamente que es conservadora. Si negociamos con un profesor de escuela dominical, suponemos que es honesto. Y así van las cosas... No puede creerse nunca que un supuesto es tan seguro como un hecho.

Mientras trabajamos en nuestras presuposiciones, deberemos escribir sobre papel todas las preguntas que debemos hacer para verificarlas. No podemos confiar en nuestra memoria, cada vez es más fácil olvidar.

A la hora de encararse con la parte contraria, lo mejor será hacer preguntas de este tipo:

— ¿es correcto suponer que usted querrá que se lo enviemos pronto, ahora que está reorganizando su cadena de montaje?;
— si usted y yo llegamos a un acuerdo, ¿puedo asumir que usted tiene toda la autoridad para comprometer a su organización?;
— ¿me equivoco si supongo que la calidad es el principal obstáculo por el momento?

Consultar con otros

Si representamos a un grupo o a una organización, debemos consultar con ellos. Un negociador que pacta aparte de los otros y que determina los asuntos del orden del día sin consultar creará muchos problemas.

No podemos comprar una casa sin consultarlo previamente con nuestra pareja. Los grupos que no consultan con sus miembros pueden acabar humillados cuando alguno de estos rechaza el acuerdo propuesto sin consultar. Los fallos en la consulta llevan a ignorar asuntos importantes y a malentender prioridades.

A menudo los negociadores descubrirán que su lista de intereses no es realista. Entonces, los negociadores tendrán que negociar separadamente con su grupo sobre el contenido de su agenda.

Los límites de nuestra autoridad

Si negociamos en nombre de otras personas, deberemos reunirnos con ellas para determinar los límites de nuestra autoridad para negociar cada cuestión. Esto es esencial. Si alguna vez hacemos un trato y nuestros superiores se echan atrás, nuestra credibilidad se evaporará pronto.

Los negociadores que están inseguros de su autoridad se encuentran en una débil posición. Si conocemos nuestros límites seremos más dominantes y firmes, y la confianza que ganemos al conocernos, reforzará nuestra posición.

En una negociación, nunca debemos creer que poseemos toda la autoridad para llegar a un acuerdo. Siempre es útil tener la capacidad de volver a tratar algún punto difícil diciendo: «Esto está sujeto a la aprobación del consejo». Si nuestro oponente se centra en el punto con insistencia y nos pregunta: «¿Puede cerrar el trato?», contestaremos algo parecido a esto: «Sí, si se encuentra dentro de los límites determinados por mis superiores».

Los que negocian en nombre de otros suelen afirmar que el acuerdo debe ser revisado por los otros miembros del grupo para su aprobación final. Cuando nos encontremos con una situación así, deberemos intentar obtener el compromiso personal del negociador. Para ello propondremos lo siguiente: «¿Recomendaría usted personalmente lo que hemos acordado si realizamos una oferta final que incluya sus demandas respecto al permiso de enfermedad?».

Algunas veces los negociadores usan la autoridad limitada como una táctica para asegurarse concesiones extra. Por lo general, aseguran que la ratificación es un mero formalismo y vuelven diciendo que sus superiores quieren más concesiones. Para protegernos de esta treta, convendrá que nos guardemos algunas concesiones que podamos ofrecer como guinda final para asegurar el acuerdo.

Los grados de autoridad no son siempre obvios. No debemos dar por supuesto quiénes son los *monos* y quiénes los *organilleros* de una empresa o plantilla de algún órgano de gobierno. Antes de pactar deberemos preguntar:

— ¿qué proceso sigue para tomar decisiones como esta?;
— ¿quién participa en estas decisiones?;
— ¿cuánto tiempo lleva normalmente tomar decisiones como esta?

Preparar nuestra agenda

Ahora estamos preparados para preparar nuestra agenda. En ella deberíamos incluir una lista de las cuestiones que queramos discutir en el orden en el que las queremos negociar.

Si tuviésemos muchos puntos que negociar, empezaremos por las cuestiones menores. Imaginémonos que nos encaramos con un duro oponente que está dispuesto a vencernos. Si comenzamos por las cuestiones menores, tendremos la oportunidad de inventar soluciones creativas y lograremos un acuerdo. Al discutir las cuestiones fáciles saldrán a la luz otras variables extras que suelen ser negociables si más tarde nos atascamos en un punto crítico.

Algunos negociadores prefieren comenzar con los puntos más duros porque afirman que al principio de la sesión todo el mundo está más fresco y generalmente en un estado mental más receptivo, aunque otros prefieren agrupar las cuestiones por su lógica. Sea cual sea la postura que escoja, asegúrese de que es consecuente con nuestra estrategia.

Cuando planeemos nuestra agenda podremos anotar las cuestiones que se desean evitar. No debemos perder oportunidades porque sólo reforzarán más aquellas cuestiones en las que somos débiles. Por ejemplo, si vamos a negociar una propuesta de suministros de plástico laminado de color, no conviene hablar de los colores con los que no cuenta nuestra cadena de suministros.

Los programas de negociación con los puntos que se van a tratar se pueden enviar a la otra parte para ser comentadas y revisadas. Esto genera buena voluntad y no son pocas las veces que la gente está de acuerdo en seguir nuestra agenda sin hacer cambios.

Con todo, nuestra estrategia de negociación debe seguir siendo privada. Si ellos no han preparado nada, podremos controlar el curso del acuerdo.

Nunca debemos menospreciar la importancia de un plan de negociación bien trabado. Los diplomáticos pasan días, incluso semanas, trabajando en ellos. Los negociadores comerciales, a su pesar, raramente les prestan la atención que se merecen.

Cómo planear una primera oferta

Con el cambio de siglo, el magnate americano del acero Andrew Carnegie vendió sus acciones por 300 millones de dólares a su compañero J. P. Morgan.

No hubo negociación. Carnegie, que nunca había negociado, simplemente anotó su precio en un pedazo de papel, se lo pasó a un intermediario, quien a su vez se lo pasó a Morgan. Mirando el papel, Morgan musitó: «Acepto».

Años después, dice la leyenda que los dos millonarios, durante unas vacaciones de placer, se encontraron paseando en la cubierta de un transatlántico.

—He estado pensando —dijo Carnegie— que debí haberte pedido 500 millones.

—Los hubiera pagado —replicó Morgan, y se alejó.

Antes de empezar a pactar, es necesario calcular qué va a ofrecerse inicialmente. Más que cualquier otro factor, la primera oferta dará forma al resultado del acuerdo final; por eso es vital planearla cuidadosamente.

Como compradores, ¿debemos empezar bajo y tomar una posición extrema o debemos empezar alto para crear una postura de cooperación? Un experimento llevado a cabo por psicólogos de la UCLA examinó esta cuestión.

A 140 parejas de negociadores se les dio una cantidad de dinero para pactar —para el ejemplo vamos a suponer que fueron 4.375 pesetas (26 €)—. Les dijeron que si podían llegar a un acuerdo en el modo de dividir el dinero, se lo podrían quedar; pero si no alcanzaban un acuerdo en el tiempo indicado no se lo quedarían.

En un lado de la mesa de los negociadores se situaron voluntarios que pensaban que estaban participando en un cuestionario que evaluaría su pericia a la hora de pactar. Sin saber esto, en el otro lado estaban los experimentadores con instrucciones de pactar de alguna de las tres maneras:

— en un grupo, los participantes abrieron con una propuesta alta de 3.750 pesetas (22 €), y gradualmente bajaron a niveles de 3.125 pesetas (18 €) y 2.500 pesetas (15 €);
— en un segundo grupo de participantes, los experimentadores abrieron con una propuesta inicial de 3.750 pesetas y fijaron esa propuesta a través de la negociación;
— con un tercer grupo, los experimentadores abrieron con una demanda moderada de 2.500 pesetas y tenazmente refutaron moverse de su postura inicial.

Los psicólogos descubrieron lo siguiente:

a) La estrategia de empezar con una demanda alta y duramente bajar a una más moderada producía la mayor cantidad de dinero para los negociadores que la usaban.

b) El grupo que se encaró a los negociadores con estrategia de retraimiento creía que había influido de modo exitoso en el trato mucho más que los otros grupos. Creía que sus habilidades de persuasión habían dado lugar a las concesiones y se sentían más responsables del resultado de las negociaciones. Parecían personas que creían haber ayudado a dar forma al trato de acuerdo con los términos.

c) Aunque pensaban que habían perdido la mayor cantidad de dinero, las víctimas de la estrategia de concesiones eran las que estaban más satisfechas con el resultado. Los acuerdos basados en dar y tomar concesiones mutuas satisfacen una importante necesidad psicológica.

Este experimento y otros estudios de investigación similares confirman lo que generaciones de negociadores han afirmado:

— los compradores lo hacen mejor cuando empiezan con una oferta baja;
— los vendedores lo hacen mejor cuando empiezan alto.

Esto no sólo da cancha para hacer concesiones sino que la otra parte parece basar su éxito en la medida de las concesiones que extrae.

Cuando apuntamos alto, de cualquier modo, incrementamos el riesgo de rechazo. Una primera oferta debe ser, por lo tanto, realista y creíble. Por supuesto, lo que es creíble y realista depende de las circunstancias. Si se compra un mueble de segunda mano, una primera oferta del 50 % de lo que piden podría ser realista, pero una oferta similar por una casa normalmente será rechaza por ridícula. Si no se puede justificar nuestra oferta inicial con buenas razones y lógica, más vale buscar otra mejor.

Seleccionar un equipo ganador

Algunos negociadores prefieren hacer tratos solos. Les gusta el control extra que esto proporciona y se quejan de que los equipos son inmanejables e impredecibles. Los equipos a veces se fragmentan, unos miembros contradicen a otros, filtran información y regalan concesiones no autorizadas. Los equipos llegan a un punto muerto más a menudo y tardan más en llegar a un acuerdo.

A pesar de todo, un equipo bien organizado y bien conducido resulta difícil de batir. Aunque la más simple negociación sea compleja. Es raro encontrar a un negociador que pueda escuchar, hablar, mirar y pensar al mismo tiempo; esas son tareas que necesitan ser compartidas. Cuando llega el momento de analizar el grueso de los hechos y los datos técnicos que suelen pasar por la mesa de los negociadores, dos o más cabezas se las arreglan mejor que una.

Los equipos de negociadores permiten representar múltiples intereses. La participación produce compromiso para la negociación final. Un equipo efectivo aumenta la confianza y la afirmación de sus miembros y un equipo bien llevado es un oponente formidable.

Los equipos deben ser organizados y bien disciplinados. Las funciones específicas deben ser destinadas a diferentes miembros del equipo. De forma ideal, un jefe, un revisor, un observador y un analista deben ser nombrados para llevar las cuatro tareas clave.

El jefe. El jefe del equipo maneja todos los tratos que se hacen cara a cara. El jefe dirige el juego, realiza la mayoría de conversaciones, aumenta las nuevas cuestiones, hace propuestas y negocia las concesiones.

El revisor. A causa de las demandas de consejo o indicaciones, el jefe a veces se ve desbordado o simplemente necesita un descanso. Cuando eso sucede, el revisor pone los asuntos al día y aclara los puntos con preguntas. Con esta actividad, el revisor da empuje al equipo y le da un respiro al jefe. El revisor, en cualquier caso, no debe nunca añadir nuevas cuestiones o concesiones en el trato porque eso desmejoraría rápidamente la autoridad del jefe.

El observador. El tercer miembro de un equipo suele hacer el papel de un observador. El observador se centra en los mensajes verbales y no verbales para intentar entender los objetivos, prioridades y asuntos de la parte contraria.

El analista. El cuarto miembro del equipo, el analista, registra y analiza todos los números y otros datos.

Los equipos deben tomar regularmente descansos para discusiones privadas. Durante el descanso, el jefe usará la información del observador y el analista y otros miembros del equipo para planear la próxima sesión.

El observador y el analista deben siempre ir en busca de los modelos. Los modelos de ofertas y concesiones ofrecen invariablemente muestras de los objetivos y prioridades del contrincante.

Se estaba negociando una venta de 500 millones de pesetas (30.120.480 €) por un sistema de ensamblaje. El jefe del equipo de ventas estaba satisfecho de la sesión de la mañana porque el comprador había cedido en un número de puntos importantes. Sin embargo, durante la discusión del descanso, las notas del analista mostraron que el comprador había hecho dos concesiones en el precio, una en el servicio y se había negado a ceder en el depósito y los términos de pago.

El observador se había dado cuenta de que el comprador evitaba el contacto visual y que vacilaba claramente cuando el tema del pago salía en la conversación.

Todos los signos sugerían que los términos de pago eran una prioridad para el comprador.

¿Tenía acaso un problema de fondos? Y, si era así, ¿sería muy grande ese problema?

Un cheque de la oficina central revelaba que uno de los mayores clientes del comprador había quebrado con un grupo de impagados. Tal vez el comprador también se había visto afectado por la quiebra y no se atrevía a exponerlo.

Armado con esta información el jefe se preparó para la negociación de la tarde. Los fondos eran en efecto un problema: el comprador se había visto afectado por la compañía que quebró, pero tenía bastantes pedidos por adelantado para recuperarlos. Les gustaría aplazar el trato de la ensambladora pero no podían atender a las demandas sin ella. Eventualmente el vendedor acordó un pequeño depósito y largo plazo a cambio de garantías personales del dinero de dos de los mayores accionistas.

En un equipo de tres, el analista debe hacer también el papel de observador. En un dúo el revisor lleva la carga extra de observar y analizar.

Si fuesen necesarios expertos y especialistas, deberemos asegurarnos de que están bien preparados e instruidos para no dejarse coger en un debate largo y tortuoso con sus contrincantes. Los expertos técnicos pueden poner fácilmente en entredicho una postura de negociación con muestras efusivas de conocimiento. Los especialistas deben saber que el jefe marca el tono.

Si un experto da problemas, lo mejor es que asista a un cursillo de entrenamiento en negociación.

A veces, en las negociaciones de trabajo una de las partes intentará ganar ventaja siendo mayor en número que su oponente. Pero los números sólo pueden intimidarnos si nosotros lo permitimos. Un pequeño y bien entrenado equipo es habitualmente más que efectivo para vencer a un oponente molesto.

Organizar el tiempo

El tiempo en una negociación es la gran amenaza; el modo en que lo usemos es crucial para tener éxito en una negociación.

Durante las conversaciones de paz para la guerra de Vietnam, el negociador de EE. UU., Averell Harriman, fue enviado a París por el presidente Lyndon Johnson. Estaban en tiempo de elecciones y el presidente Johnson quería una rápida resolución del problema.

Harriman alquiló una habitación de hotel partiendo de la base de que estaría una semana.

Los negociadores de Vietnam del Norte alquilaron una casa por dos años y medio. Entonces procedieron a gastar semana tras semana discutiendo sobre la forma de intervenir en la mesa de las negociaciones.

Después de 30 años peleando, los vietnamitas estaban preparados para tomarse su tiempo en conseguir lo que querían.

Los plazos

Las dos partes de una negociación operan bajo las presiones de los plazos. La mayoría de acuerdos o concesiones se dan en o cerca del límite del plazo. Si necesitásemos unos componentes el miércoles, nuestras exigencias se mitigarán el martes. Si hubiésemos de cerrar el trato un viernes, deberemos hacer las mayores concesiones el jueves. Si tuviésemos que coger un avión para estar en casa el fin de semana, nuestro poder negociador aumenta a medida que nos planteamos un largo fin de semana en un miserable hotel.

De vuelta a 1973, la ambición del agente de la propiedad Donald Trump de comprar el monstruo de 400 habitaciones que era el hotel Commodore en el centro de Nueva York parecía no más que una idea fantástica. Pero en los tres años siguientes, Trump elaboró una alternativa viable. Para empezar, a finales de 1974, obtuvo de los dueños, que tenían problemas financieros, una opción de compra por la insignificante suma de 250.000 dólares. Entonces contrató a Hoteles Hyatt como operador e igual accionista para la financiación y estableció un trato con la ciudad de Nueva York para reducir los impuestos. Después de mucho presionar, la ciudad acordó rebajar los impuestos sobre la propiedad decenas de millones de dólares durante 40 años. Finalmente la sociedad de seguros Equitable Life acordó prestar 35 millones de dólares y el banco Bowery Savings otros 45 millones para financiar el trato.

Hasta aquí esto no parecía más que una formalidad cuando Trump, el banco y Hyatt se reunieron para firmar los papeles que cerrarían el trato. Entonces Trump hizo su jugada más arriesgada. En privado, comentó al banco que la suya era una inversión arriesgada y que para protegerse deberían insistir en un convenio restrictivo para Hyatt que le prohibiera construir más hoteles en Nueva York sin el permiso de Trump. Con el convenio, Hyatt no podría construir otro hotel cerca y de este modo amenazar la viabilidad del de Trump.

Con el cebo de Trump, el banquero irrumpió en la habitación donde la gente de Hyatt estaba esperando. «Amigos —dijo—, vamos a invertir decenas de millones de dólares, lo que es mucho dinero, y no vamos a hacer este préstamo a menos que consigamos un convenio de Hyatt diciendo que no abrirá ningún hotel más en Nueva York».

Fue un riesgo extraordinario el que asumió Trump. La financiación y el trato se podrían haber colapsado. Pero Trump sabía que Jay Pritzker, el jefe del grupo Hyatt, que había rechazado una propuesta de Trump para un convenio en una anterior reunión, estaba lejos, en las montañas del Nepal haciendo alpinismo, y no podía ser localizado.

El banco dio a Hyatt una hora para tomar una decisión. Mientras tanto, Trump trazó los términos del convenio. En efecto, prohibía a Hyatt otros hoteles competitivos en el área de Nueva York. La única excepción era un pequeño y lujoso hotel que sería económicamente inviable. Antes de que acabase la hora, Hyatt firmó el convenio.

Trump consiguió su hotel y potencialmente incluso derechos más valiosos que le permitían controlar los planes de expansión de un posible competidor.

Los plazos, como Trump sabía, hacen que los negociadores reduzcan sus exigencias. Cuando los negociadores están bajo la presión del tiempo, rebajan sus aspiraciones, se dejan de faroles y hacen más concesiones.

Los plazos incrementan la presión para alcanzar un acuerdo. Los negociadores cambian sus posiciones con más rapidez cuando están bajo la presión del tiempo.

Saber el plazo de nuestro oponente nos dará un margen. Por eso no deberemos revelar nuestros plazos límite a la otra parte a menos que debamos hacerlo. Para contar con la presión del tiempo prepararemos un plan temporal. Es preciso tener en cuenta lo que haremos si la negociación se para y nos prepararemos para una acción evasiva. En el caso de que nos encontremos en un atolladero, habrá que tener en cuenta lo siguiente:

— ¿hay alguna forma de ampliar nuestro plazo?;
— ¿qué puedo hacer para que la otra parte deje de presionar?

Debemos tener en cuenta que la mayoría de plazos depende del resultado de una negociación, por lo que también pueden ser negociables.

Seamos pacientes

Para contar con la presión de los plazos hemos de permanecer calmados y frescos y mostrar una gran paciencia. Debemos actuar como si tuviésemos mucho tiempo. Cuando sintamos que estamos a punto de sucumbir bajo la presión del tiempo, deberemos recordar: los negociadores que finalizaron la guerra de Corea se tomaron dos años y 575 reuniones; para firmar el Tratado de Austria las negociaciones se alargaron durante ocho años y 400 reuniones.

Tener el tiempo necesario para decidir puede significar la diferencia entre paz y guerra. George Ball, uno de los consejeros más antiguos del presidente Kennedy durante las crisis de los misiles cubanos, escribe que cuando él y sus consejeros se encontraron de nuevo muchos años después comentaron: «Para nuestra sorpresa, llegamos a la opinión unánime de que, si hubiéramos determinado nuestra línea de acción entre las primeras 48 horas después de que los misiles (rusos) fueran descubiertos (en Cuba), habríamos tomado la decisión errónea, respondiendo a los misiles que en cierta manera requería una enérgica respuesta soviética y de este modo entrando en la costumbre de una sucesión de series de reacciones y contrarreacciones con horrendas consecuencias».

Preparemos un plan de tiempo

Hay que prever qué se hará si una negociación se alarga. En otras palabras, es preciso que el tiempo trabaje por nosotros.

Los plazos nos permitirán impulsar la negociación. Si un plazo no existe, inventaremos uno, como por ejemplo: «El comité de compra se reúne el jueves. ¿Podría darme un plan detallado el mediodía del miércoles?», o «El carguero zarpa el día 22. ¿Quiere que le hagamos una reserva de espacio en él?».

Si sufrimos una desventaja de tiempo, crearemos incentivos para un acuerdo rápido. Todos los vendedores suelen emplear frases del estilo de «los tres primeros compradores que compren hoy un Ford conseguirán tres años de servicio gratuito» o «sólo este mes ofrecemos gratuitamente un paquete de hoja de cálculo e impresora láser por cada instalación de red contratada».

Cómo evitar que el tiempo se nos eche encima

Los plazos no son las únicas presiones de tiempo con las que debemos enfrentarnos. Cuanto más tiempo invirtamos en una negociación, más comprometido será el trato y más tendremos que perder si el trato empeora. A medida que nuestro tiempo de inversión aumenta, más vulnerables seremos a una demanda de concesiones adicionales en las etapas de cierre del trato.

Para protegernos de las trampas del tiempo seguiremos las indicaciones siguientes:

1. Fijaremos una fecha para completar las negociaciones que no deberemos sobrepasar nunca. Debemos dejar claro a nuestro oponente que romperemos las negociaciones si estas no se completan en los plazos establecidos.

2. Trataremos en los últimos minutos las demandas de concesiones adicionales como una oportunidad para llamar a un replanteamiento de todas las otras cuestiones ya negociadas. La mayoría de veces los oponentes dejarán caer estas concesiones adicionales. Si no, podemos renegociar otras partes del paquete para compensar las últimas peticiones.

A veces es mejor apartarse de un trato. Alabamos a los negociadores por los buenos tratos que cierran, pero también deberíamos agradecerles los malos tratos que han evitado. El primer ministro inglés Neville Chamberlain será siempre recordado por el acuerdo de Munich de 1938, en el que se entregó Checoslovaquia a Hitler sin resistencia. Sir Samuel Hoare, que era miembro del gabinete británico durante las negociaciones con Hitler, confesó más tarde: «Cuanto más avanzaba y más serio se volvía, más ansioso me puse al verlo triunfar».

Los tratos raramente empeoran cuando nos alejamos de la mesa de negociaciones. Normalmente, al volver la negociación puede hacerse en mejores condiciones.

Elegir un lugar de reunión

¿Dónde debemos negociar? ¿En nuestro propio local? ¿En la oficina de nuestro cliente? ¿O deberemos trasladaros a un terreno neutral?

Cada lugar de reunión tiene sus ventajas.

Los equipos deportivos prefieren jugar en casa porque es más difícil ganar fuera.

Los experimentos muestran que los negociadores son más enérgicos en casa. Nos encontramos más cómodos, podemos acceder fácilmente a nuestros archivos y consultar al comité de expertos. Además, se pueden aprovechar los descansos para tomar un café, se controlan la disposición física y las interrupciones y se puede usar el tiempo como medida de presión.

La ventaja de casa es incluso más evidente en las negociaciones internacionales. Se espera que los de fuera sigan las normas y costumbres locales, ya que en territorio ajeno nada es familiar. Se espera que los invitados se comporten con más corrección que en su casa. Además, viajar para negociar puede ser extenuante.

Un lugar de reunión fuera de casa no es necesariamente una desventaja. Los negociadores no pueden salir de su propio edificio, no pueden decir: «Tendré que revisar este punto con la oficina central». Si aluden una autoridad insuficiente podemos preguntarles: «¿Por qué no se une su jefe a nosotros?». También podemos pedir dar una vuelta por su local.

Un terreno neutral puede resultar muy útil. Si nos encontramos lejos de las interrupciones normales de la oficina, podremos concentrarnos con mayor facilidad y encontraremos a buen seguro la solución más acertada para cada ocasión.

Cuando el presidente americano Jimmy Carter persuadió al primer ministro israelí Menahem Begin y al presidente egipcio Anwar Sadat de viajar al entorno tranquilo de Camp David durante 13 días para las conversaciones de paz del Medio Oriente en 1978, les aisló de los problemas cotidianos que supone el gobierno de un país y del implacable examen de los medios de comunicación.

El lugar de reunión más extremo debe de ser Panmunjon, donde se realizaron las conversaciones de paz para acabar con la guerra de Corea. Allí, el edificio de las conversaciones de paz, e incluso la mesa de negociaciones, estaban situados sobre el paralelo 38 que divide Corea del Norte de Corea del Sur. Cada parte entró al edificio por su propio país y se sentó en su propio territorio durante las negociaciones. Panmunjon tenía el mismo significado simbólico que un país neutral.

El entorno físico

Sea cual fuere el lugar de reunión, no debemos ignorar el entorno físico. Una sala de reuniones espaciosa, aireada, bien ventilada y bien iluminada es esencial. Hemos de evitar las habitaciones sin ventanas y nos aseguraremos de que los muebles son cómodos. Prepararemos salas separadas para las negociaciones de equipo, con su propio teléfono y acceso a telefax y télex. Además, la sala tendrá que estar limpia y ordenada, y deberá haber refrescos a mano durante los descansos.

Cómo diseñar la estrategia más adecuada

La estrategia es el juego que realizamos para alcanzar nuestros objetivos. Partiendo de ahí, escogeremos tácticas específicas para llevar a cabo nuestro plan.

La estrategia que adoptaremos depende del tipo de negociación. Antes de que podamos planear una estrategia efectiva, necesitaremos entender la dinámica del proceso completo de la negociación. Por consiguiente, la estrategia y las tácticas se tratan por separado en los capítulos 13 y 14. Por ahora, bastará recordar que la mejor estrategia es la que deja a ambas partes satisfechas.

PRIMERA ETAPA: RELACIONAR LOS DATOS
RESUMEN DE LAS CUESTIONES MÁS IMPORTANTES

- *Desarrolle un MAPAN.*

- *Haga una lista de sus intereses.*

- *Descubra los intereses de su oponente.*

- *Haga una lista, clasifique y valore los objetivos principales.*

- *Recoja información.*

- *Analice la otra parte.*

- *Ensaye su papel.*

- *Compruebe que sus presuposiciones son ciertas.*

- *Consulte a su equipo de colaboradores.*

- *Establezca los límites de su autoridad.*

- *Organice su agenda y prepare un orden del día.*

- *Determine cuál será su primera oferta.*

- *Elija los miembros de su equipo.*

- *Prepare un calendario de negociación.*

- *Escoja un lugar de reunión.*

- *Organice su estrategia.*

- *Seleccione las tácticas más apropiadas.*

R-E-S-P-E-T-O
Las siete etapas de un acuerdo

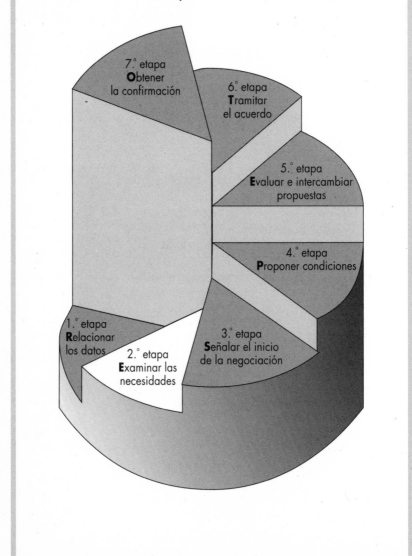

7.ª etapa
Obtener
la confirmación

6.ª etapa
Tramitar
el acuerdo

5.ª etapa
Evaluar e intercambiar
propuestas

4.ª etapa
Proponer condiciones

1.ª etapa
Relacionar
los datos

2.ª etapa
Examinar las
necesidades

3.ª etapa
Señalar el inicio
de la negociación

CAPÍTULO 5

Segunda etapa: examinar las necesidades de ambas partes

■ ■ ■

Sé que crees que entiendes lo que piensas
que yo pienso que he dicho,
pero yo no estoy seguro de que te des cuenta
de que lo que oyes no es lo que quiero decir.
PROVERBIO POPULAR

Una vez preparados, ya estamos listos para encontrarnos cara a cara con la otra parte y explorar sus necesidades. El noventa por ciento del tiempo de una negociación típica lo pasamos discutiendo —hablando, escuchando y observando—, y descubriendo las necesidades del contrario. Cómo discutimos es, por lo tanto, de vital importancia.

La discusión de apertura marcará el tono y el clima para el resto de la negociación. Durante esa primera fase, revelamos nuestra posición de apertura y descubrimos igualmente la del contrincante.

Marcar el tono y el clima

Los negociadores agresivos enrarecen rápidamente el ambiente adoptando posturas agresivas. Amenazan, maldicen, interrumpen e incluso cuestionan la autoridad de la otra parte. Como resultado, la temperatura aumenta y la discusión degenera en un ejercicio de rivalidad. No tienen en cuenta las necesidades de la otra parte; para ellos la negociación es una contienda donde sólo hay un ganador.

Los negociadores constructivos, por otro lado, se mantienen fríos. Indican su posición de modo calmado pero firme y la apoyan con la razón y la lógica. Se esfuerzan para crear una relación de trabajo con la otra parte recurriendo a las preguntas y a la escucha activa para explorar sus necesidades. Para ellos la negociación debería satisfacer las necesidades de ambos lados. No tiene que haber un perdedor; ambas partes pueden ganar.

Establecer nuestra posición

La postura de apertura de ambas partes marca una posible vía para llegar a establecer un pacto, por ello el modo de empezar será crucial. Si el plan de negociación es bueno y sabemos aprovechar la nueva información durante la conversación, nuestras expectativas, que en un principio no eran realistas, deberán relativizarse y adoptar una postura más acorde con las circunstancias. Las aperturas ridículas merman la credibilidad.

Debemos mostrar nuestras propuestas de apertura de modo breve y concreto. No hay que dar muchos detalles o veremos cómo los usan en nuestra contra cuando la otra parte haga su propuesta.

Imaginemos que acabamos de hacer una propuesta para editar una revista mensual para un cliente. Nuestro precio total de 9.000.000 de pesetas (54.216 €) es 1.625.000 pesetas (14.008 €) más bajo del de nuestro competidor más cercano, pero nuestro precio estimado por la impresión es 625.000 pesetas (3.765 €) más alto. Para proveer a nuestro cliente de un innecesario desglose de los cargos, le hemos dado la información necesaria para equiparar nuestros costes de impresión con los de la competencia.

Cuando presentemos nuestra postura de apertura, deberemos mirar a la otra persona directamente a los ojos. Hablaremos claramente, despacio y con confianza, con voz segura, y actuaremos como si creyéramos que aceptará nuestra oferta. Evitaremos frases vagas como:

— nos gustaría cobrar 6.250.000 pesetas (37.650 €) por la sección;
— estamos buscando un precio entre 3.125.000 (18.825 €) y 3.750.000 pesetas (22.590 €);
— para la primera oferta estamos dispuestos a pagar 3.250.000 pesetas (19.578 €).

Las ofertas como estas implican que no somos serios y que estamos muy lejos de lo que podemos aceptar.

Después de que hayamos indicado nuestra posición, lo mejor será guardar silencio y esperar su reacción. No debemos preguntarle: «¿Qué le parece mi oferta?», pues sencillamente le estaríamos invitando a que nos haga un desaire y rechace nuestra propuesta.

Cómo descubrir nuestra posición

Debemos intentar que la otra parte haga su primera oferta. La mayoría de la gente aporta más información de la que necesitaría. A veces, revelan sus prioridades y de vez en cuando ofrecen más de lo que habríamos soñado pedir.

Si la otra parte hace la primera oferta, no deberemos hacer una contraoferta inmediatamente. ¿Cuándo se encontrará alguien más comprometido en su posición? Justo después de mostrarla, por ello espera a un momento más oportuno. Este se dará normalmente después de que las preguntas le hayan forzado a reconocer algunos puntos débiles de su postura de apertura.

El poder de las preguntas

Hacer una pregunta es como afilar un lápiz:
cada pregunta acertada... recorta el problema.
  GERARD I. NIERENBERG

Las preguntas son las herramientas más poderosas que un negociador puede utilizar. Todos los negociadores deben saber cómo y cuándo hacer preguntas y usarlas para controlar la dirección y la marcha de la negociación.

Neil Rackham, del Grupo Huthwaite Research y John Carlisle, observaron cientos de negociaciones para descubrir qué se necesita para ser el mejor negociador. La clave que hallaron: «Los negociadores hábiles preguntan más de dos veces tantas preguntas como los negociadores corrientes».

Las preguntas producen respuestas

El novelista ruso León Tolstoi escribió: «No existe una respuesta correcta, sólo malas y buenas preguntas».

A la mayoría de nosotros nos encanta contestar a preguntas. Una gran parte de nuestra educación escolar consiste en aprender a contestar preguntas. Una pregunta dispara una respuesta inmediata dentro de nosotros; cuando oímos una pregunta sentimos la urgencia de contestarla.

Despreciamos a aquellos que evitan o no pueden responder a una pregunta. Qué incómodo se ve un político cuando contesta «sin comentarios», a la pregunta de un periodista. Los negociadores que se encaran a su parte contraria con una lista de preguntas bien pensadas, por lo tanto, empiezan siempre con ventaja.

Las preguntas descubren información

La utilidad más común de las preguntas es recoger información. La parte que cuenta con la mejor información en una negociación siempre tiene ventaja. Antes de que empecemos a hacer ofertas de cualquier clase, necesitaremos llenar todos los huecos que podamos de nuestro conocimiento. A menudo la manera más fácil de llegar al final de un problema y descubrir la información escondida es haciendo preguntas.

Se trataba de encargarse de arrendar una serie de oficinas y un almacén. El representante de la inmobiliaria había negociado el arrendamiento con el propietario, pero todavía no había acordado el precio de la división con tabiques y otros arreglos que el arrendatario anterior había hecho. El anterior arrendatario había enviado un mensaje por fax en el que indicaba que esperaba recibir 1.875.000 pesetas (11.295 €).

La reunión tuvo lugar en la nueva oficina del arrendatario anterior. Carolina, la encargada de promoción, que había hecho la mayoría del trabajo para la negociación, estaba también allí para apoyarlo.

Como primera pregunta dijo el representante de la inmobiliaria:

—¿Podría explicarme por favor cómo han llegado al precio de 1.875.000 pesetas?

—No estoy seguro —replicó el representante del antiguo arrendatario—. Nuestro asesor oficial de la oficina central determinó la cifra. Supongo que quiere un tercio del coste de los tabiques que instalamos, un tercio de la iluminación extra que pusimos y otro tercio por la moqueta que instalamos a nuestra costa.

El otro replicó:

—Bueno, nosotros no necesitamos la moqueta. Queremos poner todo un suelo nuevo que armonice con el color de la nueva decoración. Nuestro arrendador nos ha facilitado el plano de la iluminación original y podemos trabajar a partir de ella, el único cambio que han hecho en la iluminación es instalar un fluorescente extra. Según mis cálculos su instalación debe costar entre 8.750 y 12.500 pesetas (53 y 75 €, respectivamente).

Para añadir credibilidad al último punto, Carolina sacó de su carpeta una copia de los planos del lugar que nos había proporcionado el propietario y señaló justo el sitio en el que se encontraba la luz extra.

Obviamente, la otra parte no estaba preparada. Erróneamente habían dado por supuesto que los representantes de la inmobiliaria querían la moqueta y habían basado su precio en ello. Su demanda por la luz era, evidentemente, ridícula. Por eso, no fue sorprendente que, después de discutir un poco más, pidieran un precio que había bajado a 625.000 pesetas (3.765 €).

Después de llevar treinta minutos negociando, el representante del propietario hizo su primera pregunta:

—¿Cuánto está dispuesto a pagar?

—Realmente estamos interesados en las divisiones con tabiques, pero para cubrir nuestras necesidades tendremos que contratar a carpinteros para que los cambien todos de sitio. Estamos dispuestos a ofrecer 37.500 pesetas (225 €) por los tabiques, además del coste que representa sacar y quitar la moqueta, lo que nosotros estimamos que le costará unas 50.000 pesetas (301 €) sacarla. En ese caso podrá subastar la moqueta y lograr un precio que estimamos oscilará entre las 125.000 y las 187.500 pesetas (753 y 1.129 €, respectivamente).

La réplica fue menos que entusiasta:

—¿Todo lo que me ofrece son 12.500 pesetas en metálico? —refunfuñó.

Repetí mi oferta con la presión del paquete entero cuando la moqueta estuviera vendida.

Mi incidencia en la moqueta estaba causando obviamente un problema porque él se estaba poniendo nervioso. Parecíamos estar en un punto muerto cuando dijo bastante enfadado:

—¡No quiero la maldita moqueta!

La situación parecía irracional. Después de todo, su compañía era la dueña de la moqueta y no iban a comprar un suelo que querían quitar.

El agente de la inmobiliaria refrenó su contestación («Lo siento, pero la moqueta es su problema»), y en lugar de eso intentó descubrir con preguntas qué había detrás del problema de la moqueta. Al relacionar las respuestas se vio claramente que su propuesta original le creaba mucho trabajo extra. Se había pasado todo el mes anterior trasladándose de los locales que acababa de alquilar a su nueva oficina y lo último que quería era el embrollo que significaba sacar la moqueta y subastarla. También estaba claro que la oferta original de 7.500 pesetas (45 €) en metálico era demasiado baja.

Por consiguiente el agente inmobiliario rehízo completamente la propuesta:

—Mire lo que le digo —propuse—. Le ofrecemos 156.250 pesetas (942 €) en metálico, sacaremos la moqueta y la subastaremos por usted, a condición de que nos quedemos con el 50 % de la recaudación de la venta. De este modo usted obtendrá un dinero extra, no tendrá que preocuparse de la moqueta y nosotros tendremos un incentivo por conseguir un buen precio por ella.

Accedió rápidamente.

Cuando finalmente calcularon el coste del trato, los tabiques habían costado 106.250 pesetas (640 €), 156.250 pesetas en metálico menos las 50.000 pesetas que obtuvimos por nuestra parte de la moqueta. Los agentes inmobiliarios esperaban pagar entre 375.000 y 562.500 pesetas (2.259 y 3.389 €, respectivamente).

Si la otra parte hubiese hecho algunos deberes y hubiese preguntado las necesidades de la inmobiliaria antes de detallar la propuesta, el resultado podía haber sido muy diferente. Un trabajo rápido preliminar, por su parte, hubiese revelado que el coste de reemplazar los tabiques, que habían estado allí cuatro años, era de 3.375.000 pesetas (20.331 €). Aceptando una depreciación de 1.500.000 pesetas (9.036 €) por el desgaste, su cifra original de 1.875.000 pesetas se podía haber hecho creíble.

Las preguntas nos hacen pensar

Las preguntas nos fuerzan a actuar más que a escuchar. Puesto que nos atañen, nos estimulan a usar un proceso de pensamiento constructivo.

Las preguntas nos alientan a resolver nuestros problemas.

Imaginemos que estamos llevando la reunión de presupuestos de nuestra sección y estamos considerando unas solicitudes para un desembolso extra de capital. El supervisor de producción sugiere reemplazar parte de la maquinaria existente. Podríamos aplastar la propuesta declarando: «No podemos pagar el desembolso de capital inicial. Nuestros costes de producción y mantenimiento aumentarán. No hay demanda para el volumen extra que produciremos».

En menos de treinta segundos nos habremos deshecho de la idea. Sin embargo, nos pararemos y dirigiremos nuestros pensamientos hacia algunas preguntas:

— ¿cuánto costará inicialmente?;
— ¿cuánto estima que costará en términos de lo que ya se está produciendo?;
— ¿qué demanda existe para un volumen extra?

Si nuestro análisis inicial es correcto, nuestro supervisor llegará a la misma conclusión que nosotros. Sin hundirle le haremos trabajar en el problema.

También existe siempre la posibilidad de que nuestras conclusiones iniciales sobre la maquinaria estén basadas en una información equivocada o estén anticuadas. Cuando hacemos declaraciones instantáneas estaremos invitando a los otros a unirse a la batalla y probar que estaremos equivocados. Convirtiendo nuestras declaraciones en preguntas, nos llevaremos el mérito, sean como fueren las conclusiones.

Las preguntas persuaden

Los buenos negociadores no persuaden sólo hablando. Persuaden haciendo preguntas. Usan las preguntas para plantear ideas en la mente de la otra parte, y entonces dejan que se las apropien. Mientras que las preguntas hacen que los negociadores se muevan hacia adelante, las afirmaciones a menudo crean barricadas que obligan a dar un rodeo.

La mayoría de nosotros intenta convencer a los otros de nuestro punto de vista con razones. Con todo, habitualmente somos muy resistentes a la persuasión de las razones. Neil Rackham y el grupo de investigación Huthwaite descubrieron en su investigación de negociaciones «que las razones sólo funcionarán de modo exitoso al persuadir a personas que ya están de nuestro lado... Si ambos estamos a favor de una política particular de programa, estarás muy receptivo a cualquier razón que yo dé para respaldarla. Pero... si estás en contra del programa, cuanto más larga sea mi lista de razones, más argumentos en contra hallarás para apoyar nuestro opinión actual».

Por lo tanto, los negociadores que triunfan usan las preguntas, más que las razones, como sus herramientas más persuasivas.

El departamento de cuentas de un gran emporio industrial está dividido en las opiniones sobre las ventajas de un nuevo sistema informático de información. El desacuerdo tiene implicaciones políticas desde que el desarrollo de las dos facciones refleja el personal de dos viejas divisiones que fueron recientemente unidas.

Actuando como mediador, el jefe de las divisiones convoca una reunión y la controla a través de cuatro preguntas clave:

«¿Cuáles son las características clave de cada sistema? —empieza—. ¿Qué características debería tener un sistema ideal? ¿De qué características carece cada uno de los sistemas propuestos comparado con el sistema ideal? ¿Cómo podríamos combinar las mejores características de los dos sistemas?»

Cuando los líderes de opinión de ambas facciones habían contestado a la última pregunta, cierto grado de consenso iba emergiendo.

Las preguntas evaden los conflictos

Desde que la negociación es una forma de ajustar nuestras diferencias, de alguna manera el conflicto siempre está presente. Las preguntas ayudan a mantener la línea de comunicación abierta. Los negociadores hábiles usan las preguntas como una alternativa para producir desacuerdo.

En lugar de afirmar «su equipamiento no soportará las temperaturas de congelación que tenemos a veces aquí», habrá que preguntar «¿cómo funcionará su equipo con las temperaturas de congelación que tenemos aquí a veces?».

Si el equipo no puede resistir las temperaturas, entonces es mucho mejor que ellos admitan: «Bueno, puede haber algunas dificultades». Si lo intentan y esquivan el problema, tendremos un valioso dato sobre el carácter de la otra persona y la naturaleza de la compañía con la que pensamos hacer negocios. Y si salen con una respuesta aceptable, entonces nuestra objeción habrá sido una pérdida de tiempo y podría haber llevado a una humillación que podría haber maleado una relación potencialmente útil.

Las preguntas nos ayudan a mantener el control

Las preguntas dan el poder de controlar el contenido, el tono, la marcha y la dirección de una negociación.

Con las preguntas se puede controlar las cuestiones que se desea discutir y también las que se desea evitar. Con preguntas se puede determinar el ambiente y el tono de una reunión. Con preguntas también se puede frenar la marcha de una discusión. Con preguntas se puede volver tras las pistas después de perder la dirección.

Puesto que la otra parte se siente impulsada a responder, la iniciativa invariablemente se encuentra en el que pregunta.

Las preguntas descubren necesidades

La primera propuesta del paso de exploración consiste en descubrir y desarrollar las necesidades. Observemos cómo este hábil vendedor usa las preguntas para tantear los problemas, dificultades e intereses, y hace que el cliente le indique sus necesidades:

VENDEDOR: ¿Qué máquinas usan para empaquetar?
COMPRADOR: Cuatro UAB 3200s.

VENDEDOR: ¿Han encontrado sus operadores algún problema al utilizarlas?
COMPRADOR: Algunas veces parece que les cuesta cambiar los lotes, pero parece que por ahora nos las arreglamos.

VENDEDOR: ¿Ha parado eso la producción?

COMPRADOR: Al principio sí, pero ahora hemos dado formación a cuatro operadores para usarlas.

VENDEDOR: ¿Hay algún problema cuando alguno se pone enfermo o está de vacaciones?

COMPRADOR: Podemos vivir con eso. Sin embargo, al personal no le gusta trabajar con las máquinas UAB. Tienen que estar continuamente controlando y ajustando, y se van al cabo de unos cuantos meses.

VENDEDOR: ¿Cómo afectan estos cambios a sus costes de formación?

COMPRADOR: Cada trabajador extra que tenemos que formar nos cuesta 250.000 pesetas (1.506 €) por el entrenamiento *in situ* y 1.250.000 pesetas (7.530 €) en salarios y pérdidas de producción. Eso significa sobre unas 300.000 pesetas (1.807 €) por cada nuevo operador. Este año hemos tenido que formar hasta tres nuevos.

VENDEDOR: Eso significa 4.500.000 pesetas (27.108 €) en el coste de formación extra de este año. ¿Hay algún descenso de la calidad mientras está empezando un nuevo operador?

COMPRADOR: No me hable de eso. He pasado gran parte de las dos últimas semanas tranquilizando a clientes que se están quejando de que los paquetes están mal hechos. Una serie de productos rechazados era tan grande que tuvimos que subcontratar fuera parte del trabajo para mantener la confianza de nuestro mayor cliente.

VENDEDOR: Por lo que dice, a causa de que las máquinas UAB son tan difíciles de usar, usted tiene que dejarse 4.500.000 pesetas en gastos de formación. El cambio de personal es alto, los productos rechazados suben. Su índice de devoluciones parece inaceptablemente alto. La calidad está sufriendo y usted tiene a los clientes enfadados.

Habiendo usado preguntas para descubrir las necesidades del comprador, el vendedor se encuentra ahora en una posición ideal para vender su producto confrontando las características de su producto con las necesidades del cliente.

Las preguntas aclaran malentendidos

Los negociadores hábiles usan constantemente preguntas para clarificar perspectivas y posiciones. Los casos a menudo se presentan de modo ambiguo, a veces deliberadamente. Por lo tanto es necesario preguntar para acceder a más información o los antecedentes. Las preguntas aclaratorias ayudan a provocar entendimiento.

Lo mejor es comenzar con preguntas como estas:

— ¿podría usted, por favor, explicar eso otra vez?;
— ¿podría usted, por favor, volver al asunto sobre...?;
— deje que me asegure, ¿estoy en lo cierto al pensar que usted quiere...?;
— ¿me equivoco al pensar que...?;
— si le he entendido bien, ¿está usted diciendo que necesita...?

Las preguntas comprueban los supuestos

Las preguntas hábiles permiten comprobar los supuestos. Por ejemplo, los vendedores a menudo asumen erróneamente que el precio es la cuestión clave, y tan pronto como se toca el tema cambian el precio. A pesar de que normalmente pueden comprobar sus supuestos con una simple pregunta directa.

Una gran venta de máquinas de herramientas para un cliente extranjero ha entrado en dificultades. El representante de la empresa pregunta al cliente: «¿Qué le preocupa de nuestra propuesta?» Y él contesta: «Su precio es competitivo pero la garantía es muy corta».

El vendedor había creído que el precio era demasiado alto y que la garantía no era una cuestión importante, especialmente teniendo en cuenta el número de premios a la calidad que la empresa había ganado durante los últimos años.

Por ello es importante comprobar siempre siempre los supuestos antes de actuar.

Preguntas abiertas y cerradas

Las preguntas se pueden clasificar de forma imprecisa en abiertas o cerradas.

Una pregunta abierta está diseñada para generar una respuesta detallada, mientras que una pregunta cerrada puede ser respondida con un sí o un no, o con una breve exposición de los hechos.

Los buenos negociadores empiezan con preguntas abiertas antes que con las cerradas. Una pregunta abierta requiere una extensa respuesta, por ello no puede ser respondida con un sí o un no. Las preguntas que acaban de forma abierta son mejores que las cerradas porque sacan a la luz información, incrementan el diálogo al hacer hablar e implicar al otro negociador. Por eso, si una negociación parece ir directa hacia un punto muerto, a menudo es útil hacer preguntas abiertas.

Ejemplos de preguntas abiertas:

— ¿qué problemas está teniendo usted con...?;
— ¿cómo calcula...?;
— ¿qué ventajas puede tener una mejora...?

Después de haber utilizado las preguntas abiertas para ponernos en antecedentes, debemos centrar nuestro atención y hacer preguntas cerradas más específicas.

Emplee las preguntas cerradas cuando quiera conocer detalles específicos o para cambiar la dirección de la conversación. Utilícelas también para conseguir de la otra parte la aceptación de un compromiso específico.

Ejemplos de preguntas cerradas:

— ¿está usted capacitado para transportar el 28 de junio?;
— ¿puede cambiar las especificaciones?;
— ¿es suficiente una tolerancia de 6 mm?;
— ¿prefiere lectores de disco de 3,5 o de 5 pulgadas?

Usamos las preguntas cerradas demasiado encadenadas. Veamos este ejemplo de un vendedor de *software* de contabilidad que recurre a preguntas cerradas para extraer información de un cliente potencial:

VENDEDOR: ¿Usa su empresa el *software* de contabilidad Protex?
CLIENTE: Sí.

VENDEDOR: ¿Quién lo utiliza?
COMPRADOR: Nuestro administrador financiero.

VENDEDOR: ¿Tiene un contrato de soporte en marcha?
CLIENTE: Sí.

VENDEDOR: ¿Cuándo debe renovar el contrato?
CLIENTE: En octubre.

VENDEDOR: ¿Cómo calificaría la calidad de su soporte de software corriente?
CLIENTE: Razonable.

Al abrir con una serie de preguntas cerradas, el vendedor ha convertido la discusión en un examen donde sólo hay que poner una cruz en la respuesta.

Imaginemos que el vendedor hubiera empezado con preguntas abiertas.

VENDEDOR: ¿Puede describirme cómo funciona su contrato de soporte de *software*?

CLIENTE: Cactus Software provee de un servicio de siete días a la semana para nuestro software de cuentas Protec. El servicio básico consiste en 70 horas de consulta telefónica, y los otros trabajos se cargan aparte y tiene el precio de una tarifa horaria acordada previo contrato firmado.

VENDEDOR: ¿Qué tal resulta Cactus Software?

COMPRADOR: Nuestros empleados consideraban que el soporte telefónico no tenía precio mientras Alice Batiste trabajaba allí. Desde que se fue nos hemos dado cuenta que les hemos tenido que hacer comprender mucho más.

Estas dos preguntas abiertas han aportado al vendedor una valiosa pista de cómo debe enfocar la presentación que quiere hacer cuando llegue el momento de revisar el contrato de software.

Preguntas que deben evitarse

Las preguntas buenas y constructivas reducen la tensión, construyen relaciones efectivas de trabajo y revelan necesidades que ambas partes puedan tener.

Las preguntas malas o destructivas, sin embargo, generan hostilidad, aversión y ponen a la defensiva. Veamos esta discusión clásica entre padre e hijo:

PADRE: ¿Dónde has estado?
HIJO: Fuera.

PADRE: ¿Qué has hecho?
HIJO: Nada.

El padre no está pidiendo realmente información. Está acusando al hijo. El hijo sabe que una respuesta con la verdad le traerá problemas, por eso esquiva la cuestión, contestando «nada».

Por ello, deberemos evitar preguntas que:

— acusen (¿volviste de comer a las dos?);
— repriman (¿por qué no acabaste este informe a tiempo?);
— entrampen (¿todavía estás buscando a nuestra mujer?);
— fuercen un acuerdo (este es el mejor trato, ¿no cree?);
— engañen (si las ventas se incrementan el año próximo, ¿todavía propondrá recortar los servicios de soporte?);
— amenacen (¿cómo espera que hagamos más negocios si da este servicio repugnante?);
— prejuzguen (¿por qué no esperó una semana más para recibir la propuesta de ALCO? Nos podía haber ahorrado muchísimo dinero).

En definitiva, es preciso rechazar todas las preguntas que intenten sustituir un mensaje más directo.

El arte de la escucha activa

*Saber cómo escuchar puede doblar la efectividad
de tus negociaciones. ¿Has oído eso?*

«Oímos la mitad de lo que se dice, escuchamos la mitad de lo que oímos, entendemos la mitad de eso, créete la mitad de ello y recuerda la mitad de eso», escribió un listo. Si escuchamoss de esta manera, estaremos condenados como negociadores.

Cómo tener oído para la negociación

Para comprobar hasta donde somos efectivos como oyentes, contestemos a estas preguntas:

1. ¿Somos de los que hablan más?

2. ¿Nos impacientamos e interrumpimos a los demás?

3. ¿Acabamos las frases que otros empiezan?

4. ¿Empezamos a discutir antes de que la otra persona acabe su exposición?

5. ¿Juzgamos los mensajes de las otras personas como «creíbles» o no?

6. ¿Desconectamos pronto y fingimos atención?

7. ¿Escuchamos los hechos y no las ideas?

8. ¿Damos raramente respuestas visuales? (Sonrisas, asentimientos de conformidad).

9. ¿Nos distraemos fácilmente con el lenguaje emocional?

10. ¿Evitamos que nos distraiga la apariencia o la personalidad del otro?

Si respondemos afirmativamente a estas preguntas, deberemos poner más atención a lo que nos dicen.

Los negociadores profesionales escuchan atentamente a la otra parte. Son oyentes activos y no se distraen con las palabras cargadas de emoción. Se niegan a juzgar e intentan entender el punto de vista de la otra persona. Buscan detrás de las palabras el contenido emocional del mensaje transmitido con las sutilezas de la voz y el lenguaje del cuerpo. Saben que lo que no ha sido dicho es tan importante como lo que se ha dicho.

La escucha reflexiva

Una de las mejores formas de mostrar al otro que le has escuchado y entendido consiste en *reflejar* o *parafrasear* el contenido de lo que la otra persona ha dicho.

Reflejar el contenido

El supervisor de publicaciones está en nuestra oficina notoriamente preocupado:

—No damos abasto con todos los pedidos en el nuevo sistema de Macintosh —dice—. Nadie, particularmente los jefes de departamento, usa el sistema de reservas. Todos lo quieren todo para ayer. No sé cómo voy a montar nuestro reportaje mensual.

A lo que respondemos:

—Suena como si estuvieras teniendo problemas para mantener a raya a los jefes de departamento, ¿me equivoco?

Este breve intercambio muestra lo esencial de la escucha reflexiva.

Una reflexión efectiva es concisa, simple y fácil de entender. Si nos extendemos con las palabras, podemos fácilmente descarrilar el tren de los pensamientos del que habla.

Una reflexión efectiva da la esencia del mensaje del que ha hablado y acaba con el desorden verbal.

Una reflexión efectiva hace de espejo a las propias palabras del que habla. Sobre todo, demuestra comprensión. No debemos caer en la tentación de cacarear simplemente las palabras del otro. Reflejar no es repetir como un loro. Repetir como un loro impide el desarrollo de una conversación, mientras que reflejar anima a la discusión. Por eso, no hay que cometer el error de repetir las palabras exactas del que habla.

Pueden reflejarse los contenidos con frases como estas:

— suena como si...;
— en otras palabras...;
— por lo tanto...;
— o sea, estás diciendo...;
— parece que...;
— quieres decir...;
— imagino...

Debemos comprobar que hemos hecho una reflexión efectiva con las señales que nos envíe el otro. No sabremos si nuestra interpretación es correcta hasta que la otra persona conteste: «Sí, así es» o con afirmaciones similares.

Sentimientos reflexivos

Los oyentes efectivos no sólo parafrasean los hechos, también reflejan los sentimientos. Cualquiera que hable con nosotros en tono elevado de emoción, primero quiere que sus sentimientos se entiendan y se reconozcan.

Nuestra superior ha empezado una discusión con nosotros sobre su carrera:

—He estado aquí cuatro años, y todavía estoy haciendo el mismo trabajo. Podría hacerlo durmiendo. Había esperado que podría hacer algo del trabajo de contabilidad, pero nunca hay una oportunidad.

A lo que respondemos:

—Parece como si estuvieras aburrida y frustrada, ¿es así?

Al reconocer los sentimientos, darles nombre y aceptarlos, estamos poniendo los cimientos para una discusión constructiva.

La escucha reflexiva es una parte esencial de las negociaciones en las que ambas partes ganan. Para ello, debemos tener en cuenta los siguientes principios:

— animar a la otra persona a seguir hablando;
— corregir malos entendidos, falsos supuestos y malas interpretaciones;
— asegurar al que habla que lo escuchamos;
— dar muestras más profundas de las necesidades del otro;
— recordar lo que se ha dicho;
— producir entendimiento y respeto mutuo.

En resumen

A veces las negociaciones se salen de su curso. Para volver a poner la negociación en su sitio conviene resumir hasta dónde hemos llegado.

Un resumen vuelve a enfocar la atención en las cuestiones, aunque debe hacerse con brevedad.

Los resúmenes deben ser equilibrados e incluir los puntos de vista y propuestas de las dos partes. Un resumen de una sola parte puede dar lugar a más discusiones, mientras que un resumen equilibrado puede mejorar el clima de la negociación. Si la otra parte piensa que nuestro sumario es erróneo, deberemos pedirle que lo haga él para estar de acuerdo.

—Me preocupa, Pedro, me parece que nos hemos ido por las ramas. Déjame ver si puedo resumir los puntos principales que hemos tratado.

—Para evitar cualquier malentendido me gustaría resumir los puntos principales de nuestra última reunión.

—Déjame resumir las cuestiones clave mientras las veo.

Debemos resumir durante todas las fases de la negociación, pero especialmente:

— siempre que las emociones y las discusiones obstaculicen la negociación;
— siempre que nuestro punto de vista no se reconozca, aprecie o entienda;
— siempre que sintamos que ya es hora de concluir el acuerdo;
— después de alcanzar un acuerdo, para asegurarnos de que nuestras conclusiones sobre lo acordado son las mismas que las de los otros.

El lenguaje de los gestos

Cuídate de un hombre cuyo estómago no se mueve cuando se ríe.
PROVERBIO CHINO

A principios de 1900, al psicólogo O. Pfungst le intrigó la extraña habilidad de un caballo especial llamado *Hans*. Aparentemente *Hans* poseía la destreza de hacer rápidos cálculos matemáticos.

Después de escribir un problema matemático en una pizarra delante de él, *Hans* rápidamente calculaba la respuesta indicando los números más bajos con su pezuña derecha y los múltiplos de diez con la izquierda.

Pfungst rechazó rápidamente la posibilidad de que hubiera un truco pues el dueño de *Hans* no tenía motivos económicos, no sacaba ningún dinero de las actuaciones de *Hans*. Y lo que era más importante, *Hans* podía contar correctamente cuando su dueño estaba ausente. Pero Pfungst no podía creer que *Hans* poseyera un poder cerebral similar al humano. Sencillamente tenía que haber una explicación más lógica.

Después de muchas horas de observar al caballo, Pfungs resolvió el misterio. *Hans* sólo actuaba delante de una audiencia que podía ver la pizarra y por lo tanto conocía el resultado. Tan pronto como el problema fue escrito en la pizarra, el público se inclinaba ligeramente hacia adelante para ver las pezuñas de *Hans*. Mientras el movimiento era ligero, *Hans* lo tomaba y lo interpretaba como una señal para empezar a dar golpes con la pezuña. Cuando los golpes alcanzaban la cifra correcta, el público se ponía tenso con excitación e inconscientemente, con sólo los ligeros movimientos de cabeza, indicaba a *Hans* que dejase de golpear. Los espectadores, sin saberlo, le indicaban la solución a *Hans* con el lenguaje de sus cuerpos.

Todos recogemos mensajes corporales. Cada uno de nosotros constantemente los recoge e interpreta esas claves, incluso cuando no nos damos cuenta.

Siempre que hablamos usamos nuestras caras, ojos, voz y cuerpo para reforzar nuestras palabras.

Los mensajes no hablados que recogemos representan la mayor parte del impacto de cualquier mensaje que recibimos. Si nos hemos de formar una impresión, primero nos centramos en lo que podemos ver. Albert Mehrabian, una de las principales autoridades en comunicación no verbal, afirma que el 55 % del sentido de un mensaje se transmite solamente con las expresiones faciales y el lenguaje del cuerpo.

Además, recogemos la voz del que habla, su velocidad, volumen, entonación y tono. La voz (excluyendo las palabras actuales) puede llevar el 38 % del sentido en un encuentro cara a cara.

Finalmente, escuchamos las verdaderas palabras, las cuales añaden sólo el siete por ciento del sentido.

«No es que tus palabras no sean importantes —dice la experta en comunicación Janet Elsea— pero si a los otros no les gusta lo que ven o pasan del lenguaje del cuerpo sólo porque les detiene algo en nuestro voz, no harán caso de nada de lo que les digas. Sus mentes pueden ser arregladas, sus primeras impresiones están formadas de modo indeleble». Los comunicadores efectivos, por lo tanto, sincronizan su cuerpo, voz y palabras, y así, lo que se ha dicho está reforzado por el cómo se ha dicho.

Cuando los mensajes verbales y no verbales se contradicen, creemos al lenguaje corporal y al tono de voz antes que a las auténticas palabras.

Supongamos que nuestra jefa está leyendo nuestro informe mientras nosotros esperamos expectantes. Después de que ha acabado de hojearlo rápidamente, le preguntamos:

—¿Qué te parece?

Ella se encoge de hombros, frunce el ceño, desliza su silla apartándose de nosotros y murmura:

—Está bien… Creo que… no está mal.

¿La creeríamos? Probablemente no. Su expresión de desánimo indica sus verdaderos sentimientos. Deberemos presionar más allá para descubrir qué le preocupa.

Cómo interpretar los gestos de otra persona

Para interpretar correctamente el lenguaje corporal, deberemos observar los gestos en conjunto. Uno de los peores errores que podemos cometer es hacer una interpretación basándonos en un simple gesto.

Un ligero movimiento de cabeza puede indicar, entre otras cosas, duda, aprensiones, decepción, olvido o tontería. Las piernas cruzadas causan problemas similares. Las piernas cruzadas generalmente significan una actitud defensiva. Sin embargo, los problemas aumentan cuando interpretamos el lenguaje del cuerpo femenino porque muchas mujeres han sido educadas para comportarse *como una dama* con sus piernas o tobillos cruzados.

Las claves no verbales suelen darse en grupos convenientes: conjuntos de gestos y movimientos que se componen con cada uno de los otros y refuerzan el sentido de las palabras que los acompañan.

Todos los gestos deben ser considerados en el contexto en el que se dan. Si, por ejemplo, nuestro jefe está sentado con los brazos y las piernas fuertemente cruzados y la barbilla hacia abajo y el sistema de calefacción está estropeado, eso seguramente significará que tiene frío, no que está a la defensiva.

Mientras que muchos de los gestos del cuerpo son los mismos en todo el mundo, otras señales no verbales como el contacto visual pueden diferir enormemente de una cultura a otra. En la mayoría de las culturas occidentales se educa a los jóvenes para mirar a las personas a los ojos, mientras que los japoneses y polinesios consideran que sostener la mirada es embarazoso. La tradición enseña que es una falta de respeto mirar a alguien —especialmente a una persona mayor— directamente a los ojos.

Para crear un clima no verbal positivo y abierto que conduzca a una negociación en la que ambas partes salgan beneficiadas:

— dirijámonos a nuestro oponente abiertamente;
— adoptemos una postura abierta;
— inclinémonos hacia delante;
— mantengamos el contacto visual;
— relajémonos.

DIRIJÁMONOS A NUESTRO OPONENTE ABIERTAMENTE

La mayoría de la gente se centra en nuestra cara para calibrar nuestra actitud, sentimientos y estado emocional.

Deberemos mostrar interés mirando directamente a la otra persona. Ladearemos ligeramente la cabeza, arquearemos las cejas y asentiremos de vez en cuando para mostrar que comprendemos o estamos de acuerdo. También mostraremos una sonrisa relajada e incluso entusiasta.

Para un conjunto de posturas negativas, observaremos a un negociador hostil que nos mira con los ojos semiabiertos, el entrecejo fruncido y, a veces, incluso, habla a través de los dientes con un leve movimiento de sus labios.

ADOPTEMOS UNA POSTURA ABIERTA

Si nos sentamos sin cruzar las piernas y un poco separados de la mesa transmitimos calidez y franqueza. Las manos abiertas también indican que somos sinceros y que estamos abiertos a nuevas ideas.

Dos autoridades en negociación, Gerard Nierenberg y Henry Calero, hallaron en su investigación que siempre que las negociaciones iban bien, los participantes que estaban sentados se desabrochaban las chaquetas, descruzaban las piernas, se sentaban hacia adelante en sus sillas y se acercaban a la otra parte. Este *grupo de acercamiento* estaba generalmente acompañado de remarcadas necesidades comunes y las ventajas positivas de un acuerdo.

Por otro lado, si cruzamos piernas y brazos, estamos adoptando una postura negativa o defensiva. Los tobillos trabados y los puños cerrados también comunican defensa.

Nierenberg y Calero hallaron que los tobillos trabados de una de las partes a menudo significaban la retención de una importante concesión. Con un hábil interrogatorio podemos descruzar los tobillos hacer alguna concesión.

INCLINÉMONOS HACIA DELANTE

Cuando nos inclinemos hacia delante en una silla con las manos en las rodillas hacia el lado contrario, estaremos indicando interés. También estaremos mostrando que escuchamos y que nos preparamos para responder.

Sin embargo, si nos apoyamos en el respaldo con las manos detrás de la nuca, indicamos indiferencia. Una barrera como una mesa de despacho entre nosotros y la otra parte también puede avivar sentimientos negativos.

MANTENGAMOS EL CONTACTO VISUAL

Si queremos comunicar interés y empatía, miraremos a la otra persona a los ojos. Cuando alguien nos gusta o le encontramos interesante o atractivo, le miramos mucho —las investigaciones demuestran que un 60 o 70 % del tiempo— y nuestras pupilas se dilatan. La hostilidad también se asocia con un contacto visual sostenido, pero las pupilas se contraen, por lo que se mira fijamente.

Cuando estamos nerviosos, evitamos el contacto visual y nuestros ojos normalmente se encuentran con los de la otra persona menos del 40 % del tiempo. Como resultado, la otra persona se siente insegura y desconfía de nosotros.

RELAJÉMONOS

Una postura relajada y cómoda, pero atenta, indica a la otra persona que estamos listos para escuchar. Una postura relajada significa que somos abiertos, mientras que una postura tensa y rígida indica que estamos a la defensiva.

No debemos bostezar o mostrar aburrimiento. Tampoco debemos movernos de forma nerviosa ni realizar otros gestos que comuniquen impaciencia, aburrimiento y nerviosismo.

Podemos practicar nuestras habilidades de observación en aeropuertos, fiestas o en lugares muy concurridos. Una buena manera de practicar consiste en grabar en vídeo nuestro programa favorito de televisión. Bajemos el sonido y, usando una fotocopia de la lista de gestos contenida en el apéndice como guía, interpretaremos los gestos que observemos. Después, subamos el volumen para comprobar lo acertado de nuestras observaciones. Una práctica sostenida de este tipo agudizará rápidamente nuestras habilidades en la interpretación del lenguaje del cuerpo.

Durante una negociación es provechoso tomar instantáneas mentales periódicamente de nosotros mismos y preguntarnos: «¿Qué señales estoy mandando con mi cara, brazos, piernas y cuerpo en este momento?».

Cuando atendamos al lenguaje del cuerpo, observaremos siempre el conjunto de gestos en el contexto donde ocurren. No debemos hacer nunca interpretaciones basándonos en un solo gesto.

El poder del control vocal

En 1985, las investigaciones de Peter Blank y sus asociados probaron que los jurados de California eran el doble de propensos a condenar a los defendidos en los juicios criminales cuando los jueces sabían que estos tenían condenas anteriores por delitos, incluso a pesar de que la ley prohíbe a los jueces compartir esta información con el jurado —y es que el factor responsable de la diferencia no era más que el *tono de voz* del juez[1].

Después del lenguaje del cuerpo, nuestra voz tiene el mayor impacto en el significado de cualquier mensaje que enviemos.

El 38 % del significado de un mensaje es comunicado con las cualidades de la voz.

Si nuestra voz es enérgica e inspira confianza, muy probablemente daremos la impresión de ser así. Si suena débil y tímida, probablemen-

---

1. Suzette Haden Elgin, *Success with the Gentle Art of Verbal Self Defense*, Prentice Hall, Englewood Cliffs, New Jersey, 1989, p. 4.

te no nos harán mucho caso. Si es aguda y estridente, la gente probablemente nos tratará de esa manera. Nuestra voz puede revelar cuán relajados o tensos estamos, cuán cansados estamos e incluso indica nuestro estado emocional. Por ello es importante que sepamos cómo suena.

La única manera efectiva en la que comprobarlo es escuchando una cinta grabada. Mientras escuchamos nuestra voz en la grabación, nos preguntaremos: «¿Refleja mi voz las palabras que estoy diciendo? ¿Hay algo en mi voz que me disgusta?». Normalmente seremos nuestros críticos más duros, así que deberemos consultar con otros.

Si nuestra voz necesita mejoras, practicaremos con una grabadora hablando o leyendo. Debemos variar nuestra voz hasta que encontremos el tono correcto. Algunos libros contienen ejercicios muy útiles. Si esto todavía nos preocupa, debemos consultar con un profesional, como un logopeda, o asistir a unas clases de dicción y modulación.

Una voz clara, placentera y que dé confianza es una valiosa ventaja para cualquier negociador, especialmente para aquel que quiere crear un clima positivo. En cualquier caso, es esencial que nuestra voz sea adecuada con el lenguaje de nuestro cuerpo y las palabras que decimos.

Emplear un lenguaje firme

Si el lenguaje de nuestro cuerpo y nuestra voz están en armonía, la otra parte escuchará cuanto digamos.

Los negociadores efectivos utilizan el lenguaje firme, tanto como el negativo o pasivo, para dejar claro qué quieren, sienten y piensan. Las palabras de los que hablan de modo agresivo suelen sentar mal a la gente. Cuando somos atacados por oradores agresivos, a menudo tomamos sus palabras como algo personal que está en contra de nosotros.

Los oradores pasivos, por otro lado, comunican sumisión y docilidad a través de sus palabras y por esta razón debilitan cualquier posición que estén intentando presentar.

En contraste, los oradores firmes escogen palabras que impliquen fuerza y autoridad. Los oradores firmes se ponen delante sin hundir a las otra personas. Hablan con claridad, directamente y usan la palabra *yo*.

Nuestro supervisor de planta no controla bien el tiempo. La plantilla a menudo espera alrededor de sus puestos esperando que les asignen un trabajo y se retrasan en los horarios. Lo llamamos y le decimos:

Agresivo o pasivo:	Firme:
«¿Qué pasa, no podemos organizar nuestro tiempo? No estamos muy bien coordinados». «Esperábamos que fueras capaz de ubicar a los trabajadores un poco más deprisa. ¿Es eso posible?»	«Quiero que organices nuestro tiempo para que toda la plantilla de producción tenga asignada su trabajo diario a las nueve de la mañana». «Necesito una garantía de que todo el trabajo diario del personal esté asignado a las nueve de la mañana. Quiero que le des máxima prioridad a esto cada mañana».

Debemos ser directos y centrarnos en nuestras necesidades. Cuando las exponemos, deberemos incidir en lo que queremos. Seamos claros. Preguntémonos: «¿Qué necesito exactamente?»

Dejemos claras nuestras intenciones. No esperemos que los otros las lean en nuestra mente. No supongamos que los otros saben que necesitamos mejor organización o mejor calidad.

Una vez que hayamos expuesto nuestras necesidades clara y brevemente, hagamos una pausa y esperemos su reacción. Comprobemos que nuestras necesidades han sido comprendidas. Si no ha sido así, expliquemos nuestro discurso original.

No dejemos nuestra posición indefinida y perjudiquemos nuestra credibilidad con un lenguaje débil y falto de poder. Evitemos expresiones como:

— no debe estar de acuerdo conmigo *pero...*;
— eso no debe ser lo que estamos pensando, *sin embargo...*;
— no estoy seguro al 100 % *pero...*

Todas producen ambivalencia y aprensión y, cuando van acompañadas de un lenguaje gestual poco firme, reducen el impacto de nuestras palabras.

Una exitosa negociación en la que ambas partes salgan ganando requiere un enfoque de los dos lados. Tenemos que ser capaces de centrarnos en ambas necesidades, las nuestras y las del otro. Demasiada preocupación por las necesidades del otro lado, sin embargo, puede trabajar en nuestra contra. La escucha activa, cuando se combina con la firmeza, nos ayuda a mantener la balanza equilibrada y da como resultado la solución de problemas satisfaciendo la necesidad de ambas partes.

Cómo utilizar el silencio de modo efectivo

El silencio es una de las cosas más duras de rebatir.
JOSH BILLINGS

Mucha gente asocia el silencio con la ansiedad, hostilidad, incomodidad o timidez. Pero incluso el silencio puede ser una poderosa herramienta de comunicación si se usa de modo efectivo.

El *ruido* de un silencio puede ser a veces ensordecedor. Si nos sentimos incómodos con el silencio, y a la mayoría de nosotros nos pasa, nos centraremos simplemente en el lenguaje del cuerpo de la otra persona. Algunas personas necesitan pensar sin hablar, pero no esperemos mucho contacto visual en esta etapa. Es muy difícil mantener el contacto visual cuando estamos pensando con profundidad. El silencio que muchas veces parece que dura horas raramente se alarga más de 60 segundos.

Dejemos de hablar y permanezcamos en silencio hasta que la otra parte hable inmediatamente, después hacer lo siguiente:

— presentar una propuesta;
— resumir lo tratado;
— preguntar.

Los negociadores expertos usan el silencio para inducir a los oponentes a revelar más información de la que pretenden.

Estamos negociando con el proveedor local de un importante componente. El vendedor del proveedor dice:

—Estos componentes nunca serán más baratos de lo que son ahora. *Permanecemos en silencio.*

—Querrá comprar más de esta línea en junio o julio, ¿verdad? —añade el vendedor.

Permanecemos en silencio.

El vendedor continúa:

—Mire, empezamos el contrato con Sensui el 1 de junio. Es un pedido enorme y nuestras líneas de producción estarán comprometidas durante dos años. Los precios para los pequeños pedidos que hace usted normalmente aumentarán un 20 %.

Como negociadores, tenemos que recordarnos a nosotros mismos que tenemos dos oídos, dos ojos y una boca y que deben ser usados en esa proporción. En otras palabras, no hablemos para llenar el silencio.

Cómo llenar el silencio

*Las palabras son tazas vacías: lo que metas dentro no es tan importante
como saber que la otra persona probablemente lo sacará.*
   JAMES J. CRIBBIN

La mayoría de afirmaciones que decimos u oímos tienen un doble sentido. El primer significado es la información básica contenida en las palabras reales. El segundo, el significado oculto, es el mensaje real. En otras palabras, decimos una cosa y estamos diciendo otra. Cuando usamos el *metalenguaje*, decimos una cosa y estamos diciendo otra.

El metalenguaje es parte esencial de la negociación. A veces, es divertido escucharlo y descubrir los verdaderos significados.

Los negociadores más experimentados han oído esto:

— Nuestra postura es muy firme y estamos profundamente comprometidos con nuestras metas y objetivos.
Sentido implícito: No esperemos que hagan concesiones sin pelear.

— Considerando nuestra larga asociación e intereses mutuos, queremos presentar esta propuesta que pensamos más equitativa y razonable.
Sentido implícito: Les conocemos lo suficientemente bien como para saber que ustedes probablemente no picarán con esto, pero de cualquier modo vamos a intentarlo.

— Aunque me han dado toda la autoridad para decir...
Sentido implícito: Tengo que consultar cualquier concesión especial con mi organización.

Ciertas palabras y frases se producen una y otra vez en los meta-mensajes. Siempre que alguien quiere minimizar la importancia de lo que quiere decir usa *por cierto*.

«Realmente aprecio el gran trabajo que hizo en el jardín. *Por cierto*, ¿puedo pagarle mensual en lugar de semanalmente?»

A propósito, antes de que me olvide o *hablando de esto* sirven al mismo propósito.

Siempre que oigamos *solamente* o *sólo* nuestros oídos deben despertarse y considerar por qué la persona está intentado quitarle importancia a lo que se está diciendo.

— Esto sólo representa el 1 % del coste.
Sentido implícito: Como porcentaje la cifra es pequeña, pero el coste real es enorme.

— Solamente fui sincero.

Sentido implícito: ¿No puede aceptar la verdad?

Mientras las metaexpresiones, como *por cierto,* están anticuadas y no son imaginativas, otras como *francamente, honestamente* y *sinceramente* a menudo perjudican a los que las usan.

— *francamente,* esto está más lejos de lo que puedo llegar;
— *honestamente,* esta es la mejor oferta que puedo hacer;
— *sinceramente,* este es el mejor trato que hemos hecho.

Cuando mucha gente oye estas palabras, intuitivamente piensan que el orador está intentando engañarles. Desgraciadamente, la mayoría de las personas honestas comienza sus discursos con esta clase de palabras, por ello debemos tener cuidado.

Las palabras bonitas, razonables y generosas irritan y ofenden:

—Soy una persona agradable.

Sentido implícito: Somos desagradables.

—Esta es una oferta generosa.

Sentido implícito: Somos unos avaros si no la aceptamos.

Evitemos siempre expresiones irritantes como esas. Invariablemente enrarecen el ambiente. La investigación de Neil Rackham y John Carlisle mostró que los mejores negociadores procuran evitarlas.

La gente también se resiente cuando se utiliza el metalenguaje para manipularlos o acorralarlos.

—Pierre es *evidentemente* la mejor persona para este trabajo, *¿no estamos de acuerdo?*

Esta frase está diseñada para arrinconar al que escucha.

Como sabrás, sin duda, no te parece se pueden usar de forma similar como manipuladores.

Los negociadores que usan el metalenguaje, no se dan cuenta de qué transparentes son. Fijémonos en nuestro propio uso del metalenguaje. Escuchemos la manera cómo hablas cuando intentas evitar ser directo. Eso nos advertirá de lo que tenemos que escuchar de los otros.

Cuando sospechemos que alguien está usando metapalabras, podemos comprobarlo repitiéndolas mentalmente, escuchando la manera en la que cada palabra ha sido enfatizada.

Si esto no nos molesta, archivemos nuestra interpretación para usarla más tarde. Si el metalenguaje está ensuciando una negociación, deberemos plantearlo diplomáticamente a la otra parte.

SEGUNDA ETAPA:
EXAMINAR LAS NECESIDADES DE AMBAS PARTES
RESUMEN DE LAS CUESTIONES MÁS IMPORTANTES

■ *Deje bien clara su postura desde el principio.*

■ *Descubra la posición de su oponente.*

■ *Haga muchas preguntas.*

■ *Comience con preguntas abiertas.*

■ *Acabe con preguntas cerradas.*

■ *Evite las preguntas destructivas.*

■ *Muéstrese receptivo al contenido de la otra parte.*

■ *Comprenda los sentimientos de la otra parte.*

■ *Resuma cuando sea necesario.*

■ *Cree un ambiente no verbal positivo y abierto.*

■ *Hable claramente y con confianza.*

■ *Use el silencio de modo efectivo.*

■ *Traduzca el metalenguaje.*

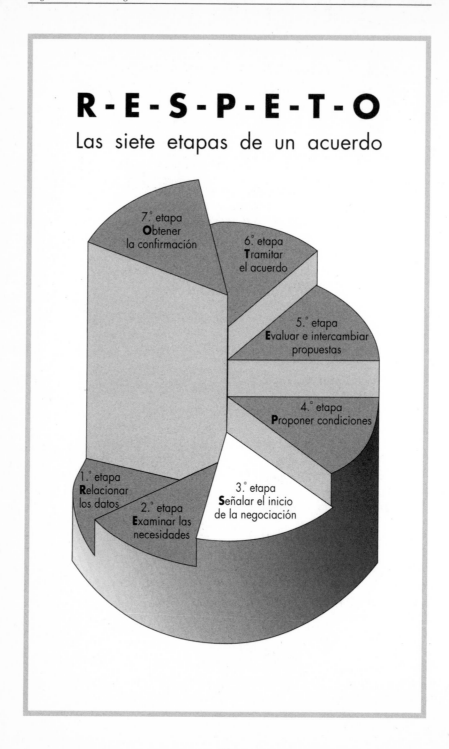

R-E-S-P-E-T-O
Las siete etapas de un acuerdo

7.º etapa
Obtener
la confirmación

6.º etapa
Tramitar
el acuerdo

5.º etapa
Evaluar e intercambiar
propuestas

4.º etapa
Proponer condiciones

1.º etapa
Relacionar
los datos

2.º etapa
Examinar las
necesidades

3.º etapa
Señalar el inicio
de la negociación

CAPÍTULO 6

Tercera etapa: señalar el inicio de la negociación

■ ■ ■

Un viaje de 1.000 millas empieza con un solo paso.
PROVERBIO CHINO

Las negociaciones a menudo comienzan con la adopción por parte de los dos bandos de posturas duras y aparentemente inamovibles. Las frases de apertura son inflexibles, sin condiciones. Por ejemplo:

— no hacemos descuentos;
— no hay posibilidad de que cambiemos en este punto;
— eso no es posible.

¿Qué es una señal?

Una negociación exitosa depende del movimiento, y para alcanzar un acuerdo las partes deben moverse una hacia otra. Por lo tanto, después de un periodo de exposición de ideas o discusión, a menudo una parte cambia sutilmente su lenguaje para indicar que va a querer moverse. Estos mensajes que indican predisposición a moverse se llaman *señales*.

Por ejemplo, una parte declara inicialmente: «Es imposible cambiar nuestro horario de envíos». Después de discutir un poco cambia a: «Nos será *extremadamente difícil* cumplir ese horario».

El discurso original ha sido m*odificado*.

Las señales permiten a los negociadores cambiar su postura de apertura sin dar una impresión al otro negociador de que están a punto de hundirse.

¿Cómo hacer señales?

La mayoría de la gente no capta las señales porque no está escuchando atentamente. El resultado puede ser una larga discusión. Puesto que las señales son, por definición, cambios sutiles en el lenguaje, no se captan fácilmente. A menudo se dejan caer en medio de largas frases complicadas. Por lo tanto, los negociadores que entran en un juego de rivalidad y ataque al contrario no captan las señales.

Para indicar nuestro voluntad de cambiar, debemos matizar nuestra postura inicial. Por ejemplo:

— *normalmente* no damos crédito;
— no podemos acceder a *todas* sus peticiones;
— su horario es *demasiado* inflexible.

Estas frases modificadas deberían generar respuestas como estas:

— ¿bajo qué circunstancias dan ustedes crédito?;
— ¿qué petición es la que no pueden cumplir?;
— ¿qué cambios horarios necesitaría?

Un aparente conflicto se ha convertido en un posible diálogo.

Preguntas esclarecedoras

Nunca debemos castigar a quien da la señal con frases tan agresivas como estas: «Veo que por fin ha decidido modificar su ridícula oferta de apertura» o «Ya era hora de que se decidiera a cambiar».

En lugar de eso, reforzaremos el lenguaje de señales haciendo preguntas al otro que le animen a seguir. Por ejemplo: «¿Podría usted aclarar bajo qué circunstancias estaría en disposición de cambiar el horario de su producción?».

Una señal no es sólo un mensaje que muestra que la otra parte está preparada para mover, es también una llamada para que nosotros nos acerquemos. El que hace la señal en realidad está diciendo: «Si me muestra que está dispuesto a moverse de su postura inicial, entonces podremos negociar más allá».

TERCERA ETAPA:
SEÑALAR EL INICIO DE LA NEGOCIACIÓN
RESUMEN DE LAS CUESTIONES MÁS IMPORTANTES

Preste atención a las señales que muestren movimiento.

Aclare sus señales con preguntas.

Responda las señales enviando sus propias señales.

Repita o diga con otras palabras aquello que le interesa dejar claro.

R-E-S-P-E-T-O

Las siete etapas de un acuerdo

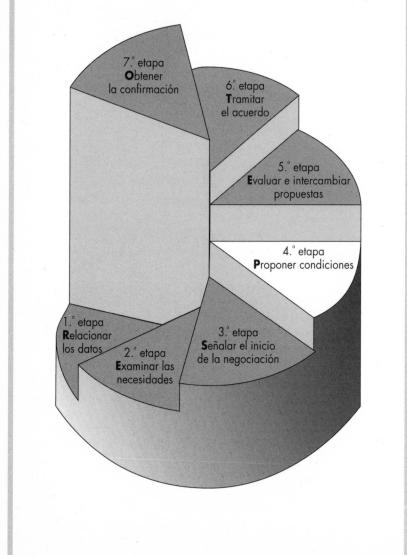

7.ª etapa
Obtener
la confirmación

6.ª etapa
Tramitar
el acuerdo

5.ª etapa
Evaluar e intercambiar
propuestas

4.ª etapa
Proponer condiciones

1.ª etapa
Relacionar
los datos

2.ª etapa
Examinar las
necesidades

3.ª etapa
Señalar el inicio
de la negociación

CAPÍTULO 7

Cuarta etapa: proponer las primeras condiciones

■ ■ ■

El éxito de una negociación de colaboración reside
en hallar lo que la otra parte realmente quiere y mostrarle un camino
para lograrlo, mientras conseguimos lo que queremos.
HERB COHEN

Una vez que una señal positiva se ha recibido, los negociadores entran en la fase de propuestas. Aquí ambos lados se sondean mutuamente exponiendo sus propuestas, o tentativas de oferta, con el fin de dirigir sus necesidades y preocupaciones a áreas más lejanas de la negociación.

¿Qué es una propuesta?

Una propuesta es una sugerencia para resolver diferencias. El negociador de una empresa puede proponer: «Si usted incrementa la contribución base en un 8 %, consideraré recomendar a mis colegas una reducción en los niveles acostumbrados».

Aquí, el negociador está tanteando deliberadamente porque está usando las propuestas como un modo de sacar información y generar movimiento.

Por contraste, un *trato* es una oferta específica para resolver cualquier cuestión. Aquí tenemos al mismo negociador haciendo una oferta *específica*: «Si usted incrementa el sueldo por hora en un 8 %, recomendaremos recortar los niveles de la sala de calderas en dos equipos».

Puesto que la propuesta esta diseñada para *sacar información*, la fase de tratos se centra en el trueque de concesiones.

Presentar propuestas

Las propuestas deben ser condicionales. Hay que exponer antes nuestras condiciones y ser claro.

Para ello pueden construirse oraciones con la correlación *si... entonces*:

— *si* usted recorta su precio en 750.000 pesetas (4.518 €), *entonces* consideraremos incrementar el tamaño de nuestro pedido;
— *si* usted incrementa la baja por enfermedad a siete días, *entonces* tendremos en cuenta nuestra petición de un seguro médico.

En estos ejemplos las condiciones se encuentran antes. Si usted hace X (una acción específica), entonces yo consideraré Y (una promesa vaga).

Cuando presentamos nuestra propuesta no podemos evitar dejar escapar información sobre nuestra *línea de acuerdo*. Es por eso por lo que nuestras propuestas son concretas respecto a lo que esperamos que haga la otra parte y vagas sobre lo que estamos dispuestos a hacer.

Las frases como: *lo consideraré*, *veré lo que puedo hacer* y *voy a tenerlo en cuenta* son las típicas ofertas que están incluidas en las propuestas.

Clarificando las prioridades de ambos lados, las propuestas y las contrapropuestas dan un paso más cerca del acuerdo. Fuera del tira y afloja de las propuestas y contrapropuestas, a menudo emergen las soluciones de problemas que parecían insalvables.

Debemos exponer nuestras propuestas brevemente. Entonces, callaremos hasta que nuestro oponente conteste.

Recibir propuestas

Las contrapropuestas suelen darse como respuesta a las propuestas.

Nunca debe interrumpirse una propuesta. Las interrupciones contrarían al orador y pueden estropear un acuerdo posible.

No debe rechazarse instantáneamente una propuesta. Sobre todo, hay que evitar la respuesta tajante «no estoy de acuerdo». Es necesario escuchar con cuidado y tratarla con respeto.

Conviene procurar no dar una negativa tajante. Un *no* estrangula la discusión y detiene el movimiento.

No debe contraatacarse inmediatamente con nuestra propuesta. El peor momento para presentar una contrapropuesta es justo después de que la otra parte ha hecho la suya. La gente se encuentra en un estado de humor menos receptivo a las ideas opuestas justo cuando acaba de presentar la suya. Los negociadores hábiles, en su lugar, usan ese tiempo para hacer preguntas como:

— ¿de qué modo su propuesta cubriría nuestros requerimientos especiales?;
— ¿no crearía problemas esta propuesta a nuestro personal de la oficina central?;
— ¿cómo superaría su propuesta el problema de la seguridad?

Todas las respuestas deben ser detalladas. Una respuesta detallada favorece las oportunidades de señales más adelante.

Debemos indicar las áreas de acuerdo. Si la negociación ha incluido una suma de propuestas, indicaremos los puntos en los que el acuerdo puede ser posible.

Hay que resumir regularmente lo que estamos tratando. Los resúmenes no son sólo para que la gente recuerden lo dicho, muestran que estamos escuchando activamente y mantienen la negociación en su sitio.

Hacer paquetes

Las proposiciones permiten a ambas partes estructurar las variables clave en la negociación y determinar las prioridades del otro.

En una negociación típica muchas propuestas acaban en la mesa. Algunas son incompatibles, pero otras se superponen o complementan a otras. Reajustando y arreglando las propuestas de otro modo y con frecuencia, podemos reorganizar la parcela de propuestas y convertirla en un paquete para ambos.

Multiplicar las variables

Los negociadores efectivos intentan multiplicar el número de variables, ya que cada nueva variable crea más opciones de paquetes. Cuantas más variables, más lejano parece el punto muerto. Cuantas más variables, más oportunidades para un acuerdo en la que ambas partes salgan ganando.

Los negociadores están estancados en la venta de la casa de Guy Meunier. Guy quería 28.750.000 pesetas (173.193 €), el probable comprador estaba dispuesto a pagar sólo 26.250.000 pesetas (158.132 €). Ninguna de las partes parecía dispuesta a ceder.

Desesperado, Guy acudió a su vecino, Daniel Karadec, mediador profesional, pidiendo consejo:

—Guy, parece que te has quedado anclado en una simple cuestión: el precio —dijo Daniel—. Estamos atrapado en la clásica y sencilla cuestión de las confrontaciones en las que una parte gana y la otra pierde. Quienquiera que conceda pierde a expensas del otro.

»Siempre que llegues a un punto muerto en lo que parece una simple cuestión en la negociación, intenta multiplicar el número de variables. Piensa, por ejemplo, en algunas de las posibles variables que son negociables cuando compras y vendes una casa. ¿Incluye el precio los arreglos, las moquetas, muebles e instalaciones fijas? Estos siempre se pueden separar como cosas negociables.

»Si estamos comprando una casa, por ejemplo, podrías intentar añadir en las condiciones que el vendedor arregle los desperfectos de una propiedad. En las casas en la que estamos ahora, incluí una condición que requería que el vendedor levantase el muro del jardín de atrás. De hacerlo yo, me hubiese traído un montón de líos y gastos. El dueño era constructor y le fue relativamente fácil y barato levantarlo.

»La fecha de entrega de las llaves es otra variable. Ellos preferirán alargar la fecha de la firma del acuerdo porque querrán tiempo para vender su otra casa.

»¿Por qué no elaboras una lista de todas las posibles variables que puedas pensar? Cuando identificas muchas cuestiones, es posible trasladar concesiones de un área a otra, entonces intercambias concesiones al darle a la otra parte algo de lo que realmente quiere, a cambio de recibir lo que realmente es valioso para ti. Esto es esencialmente de lo que se trata negociar. Si te quedas bloqueado, llámame el próximo fin de semana.

Guy lo telefoneó:

—Hemos llegado a un acuerdo —dijo entusiasmado—. Ahora parece tan simple. Accedí a bajar mi precio a 27.500.000 pesetas (165.662 €) y el comprador ha accedido a retrasar la entrega de llaves tres meses. Eso significa que no tenemos que alquilar otra casa mientras esperamos que acaben de arreglar la nueva. También he accedido a acabar de revestir el garaje con cartón de yeso y fieltro.

CUARTA ETAPA:
PROPONER LAS PRIMERAS CONDICIONES
RESUMEN DE LAS CUESTIONES MÁS IMPORTANTES

■ *Sondee a la otra parte para sacar información.*

■ *Realice propuestas para aclarar algún punto confuso.*

■ *Después de proponer algo, guarde silencio.*

■ *Exponga sus condiciones antes y sea específico.*

■ *Recurra a frases construidas con el modelo si... entonces.*

■ *Nunca debe interrumpir una propuesta.*

■ *No rechace nunca de plano una propuesta.*

■ *Evite respuestas agresivas del tipo «no estoy de acuerdo».*

■ *No contraataque inmediatamente con sus propias propuestas.*

■ *Dé una respuesta lo más detallada posible.*

■ *Indique las áreas de acuerdo.*

■ *Resuma la situación que se está tratando.*

■ *Rehaga propuestas para que sean más aceptables.*

■ *Multiplique las variables para crear más opciones y paquetes en la que ambas partes salgan ganando.*

R-E-S-P-E-T-O

Las siete etapas de un acuerdo

7.ª etapa
Obtener
la confirmación

6.ª etapa
Tramitar
el acuerdo

5.ª etapa
Evaluar e intercambiar
propuestas

4.ª etapa
Proponer condiciones

1.ª etapa
Relacionar
los datos

2.ª etapa
Examinar las
necesidades

3.ª etapa
Señalar el inicio
de la negociación

CAPÍTULO 8

Quinta etapa: evaluar e intercambiar las propuestas

■ ■ ■

*Un actor, negociando un contrato
con el magnate del cine Sam Goldwyn,
pidió 1.500 dólares a la semana.
—No está pidiendo 1.500 dólares por semana —contestó bruscamente Goldwyn—,
está pidiendo 1.200 dólares y yo le estoy dando 1.000.*

Hasta ahora, hemos estudiado las diferentes etapas que consisten en prepararse, dar a conocer las posiciones de partida y descubrir las necesidades de las dos partes. Hemos indicado nuestra disposición a movernos y hemos sondeado el terreno con propuestas para hallar áreas de posible acuerdo. Ahora estamos preparados para hacer tratos, o intercambiar concesiones.

Calculemos el valor de cada concesión. Es muy importante que siempre antes de hacer una concesión, nos detengamos previamente a reflexionar acerca de lo siguiente:

— ¿qué valor tiene la concesión para la otra parte?;
— ¿cuánto costará?;
— ¿qué es necesario a cambio?

Esto es de una importancia extrema. No debemos olvidar las frases *podría conseguir, debería conseguir, debo conseguir* que empleamos mientras nos preparábamos para determinar nuestros objetivos. Las bases de un trato exitoso consisten en negociar nuestros *podría conseguir* de modo que logremos nuestros *debo conseguir.*

103

¿Cómo hacer concesiones?

Enlazar las cuestiones

Antes de empezar a intercambiar concesiones, deberemos poner las demandas de la otra parte sobre la mesa para dejar claro que la concesión de cada término está condicionada al acuerdo de otras cuestiones pendientes.

No se puede caer en la trampa de negociar a pedacitos, esto es, tratando una sola cuestión a la vez. Normalmente parece de sentido común tratar sólo una cuestión, pero los negociadores que lo hacen así pueden acabar rebanados como un trozo de salami. Es típico hacer concesiones en las primeras etapas de la negociación y encontrarnos después con que no nos quedan más concesiones para intercambiar en las demandas que aparecen más adelante. Debemos tratar todas las cuestiones como una parte de un conjunto único y de este modo enlazar una concesión de la cuestión A con una pequeña concesión de la cuestión B y las posibles mayores concesiones con los asuntos de C y D.

Crear un margen de movimiento

Siempre que hagamos una oferta, nos daremos un amplio margen donde negociar. Si estamos vendiendo, empezaremos proponiendo un precio alto. Si estamos comprando, empezaremos por uno bajo. Aun así, las posiciones de apertura deben ser siempre realistas y creíbles. Si no podemos justificar nuestra petición, más vale no hacerlo. Las peticiones ridículas generan hostilidad.

Evitar la mayor concesión

Es preciso que la otra parte haga su primera concesión, especialmente en cuestiones de peso. Chester L. Karrass halló, en sus experimentos, que los perdedores generalmente hacen la primera concesión en cuestiones importantes. Por ello, si tenemos que hacer la primera concesión para crear buen ambiente, la haremos siempre sobre una cuestión menor.

Controlar la escala de concesiones

Los negociadores ganadores controlan su escala de concesiones mucho mejor que los perdedores. Los negociadores que tienen éxito hacen las

concesiones más pequeñas, son menos generosos y menos previsibles. Y no se hunden bajo la presión de los límites de tiempo, pues saben que éste juega a su favor.

Karrass descubrió que los perdedores tienen menos control. Mientras muchos dejan ir poco en la primera mitad de la negociación, la mayoría se derrumba más tarde con una serie de largas concesiones.

La escala de concesiones aporta diferentes mensajes. Observemos estos cuatro modelos de concesión de vendedores que recortan sus precios en cuatro sesiones distintas de negociación.

ESCALAS DE CONCESIONES

Negociación	1	2	3	4
1.ª concesión	0	200	95	395
2.ª concesión	0	200	190	265
3.ª concesión	0	200	250	120
4.ª concesión	800	200	265	20
Total concedido	800	800	800	800

El modelo de la primera negociación (0–0–0–800) revela que el vendedor se ha mantenido firme hasta el final y entonces ha hecho su mayor concesión.

Este modelo de concesión animará a los compradores fuertes a resistir para lograr algo más.

El modelo de la segunda (200–200–200–200) es remarcable por su lógica, pero logrará poco, excepto animar al comprador a resistir para una próxima concesión.

El modelo de la tercera (95–190–250–265) normalmente sería desastroso. Simplemente anima al comprador a alcanzar sus expectativas.

El modelo de la cuarta (395–265–120–20) indica una disposición a la venta, pero señala claramente que el vendedor ha alcanzado su límite.

Karrass concluye sus experimentos en las escalas de las negociaciones afirmando: «La manera ideal de manejar una negociación, si somos un comprador, es comenzar bajo e ir cediendo despacio durante un largo periodo de tiempo».

Intercambiar a regañadientes

Hay que procurar que la otra parte se esfuerce por cada concesión. La gente aprecia las concesiones por las que tiene que trabajar duro. No se puede restar valor a una concesión con frases como «le añadiré el transporte gratuito» o «le rebajaré 187.500 pesetas (1.130 €)». Comentarios como estos animan a la otra parte a pedir más, pues saben que lo van a conseguir.

Hacer pequeñas concesiones

No debemos hacer grandes concesiones. En su lugar hemos de ofrecer varias, pero pequeñas. En los experimentos de Karrass, los negociadores exitosos con los tratantes hicieron más pequeñas concesiones que sus oponentes.

Las pequeñas concesiones indican firmeza. Si dejamos escapar una importante concesión, estamos mostrando que nuestra posición previa no era creíble.

Las grandes concesiones a menudo aumentan las expectativas del otro lado.

Ser pacientes para conceder lentamente

Los negociadores que se mueven demasiado deprisa pierden el control. Hacen concesiones demasiado apresuradas que son invariablemente desastrosas para una parte y para la otra.

Conservar las concesiones

No conviene hacer concesiones demasiado pronto.

Es mejor estar preparados para hacer esperar a la otra parte. Lo apreciará más. Partiendo de que normalmente son necesarias una concesión o dos para cerrar el trato, deberemos mantener siempre algunas en reserva.

Exigir reciprocidad

No debemos hacer nunca una concesión sin conseguir otra a cambio. No podemos dar algo a cambio de nada. Todo tiene su valor.

Hacer pequeñas concesiones condicionadas

Para evitar las concesiones gratuitas, presentaremos nuestras ofertas con una condición. Para ello recurriremos a la construcción *si... entonces*.

Veamos algunos ejemplos:

— *si* usted acepta A, *entonces* yo aceptaré B;
— *si* usted incrementa su descuento hasta el 42,5 %, *entonces* yo pagaré en el plazo de siete días.

Justificar todas las concesiones

Nunca debemos hacer concesiones que no vayan acompañadas de una justificación. «Hemos estado revisando los costes de nuestros componentes, y podemos rebajar el precio a 544.000 pesetas (3.278 €) ahora que estamos capacitados para adquirírselos a un nuevo proveedor coreano».

Calcular las escalas de las concesiones relativas

Calculando la marcha relativa de nuestras concesiones y las de la otra parte, podemos hacernos una idea aproximada de cómo estamos progresando.

Imaginemos que estamos implicados en una negociación donde ambas partes han hecho cuatro concesiones de precio. El total de concesiones propio es de 7.500.000 pesetas (45.180 €), el total de los otros es de 6.000.000 pesetas (36.147 €). Por cada 625 pesetas (4 €) del otro, estamos concediendo 500 pesetas (3 €). La escala relativa es, por lo tanto, de 5 a 4.

Siempre es útil calcular la escala de concesiones que vamos a necesitar para llegar a un acuerdo aceptable.

Supongamos que hemos ofrecido 25.000.000 pesetas (150.602 €) para comprar una casa y estamos dispuestos a llegar hasta 27.500.000 pesetas (165.663 €).

Ellos han ofrecido un precio de venta de 31.250.000 pesetas (188.253 €). Para alcanzar un precio aceptable deberían conceder 3.750.000 pesetas (22.590 €), pero nosotros sólo podemos conceder 2.500.000 pesetas (15.060 €). Ellos tienen que conceder 75 pesetas por cada 50 que concedamos nosotros; de esta manera la escala relativa de concesiones será de 3 a 2.

Evitar las concesiones peseta por peseta

No debemos caer en la trampa de igualar las concesiones de la otra parte. Si ellos conceden 100.000 pesetas (603 €) a cambio de otra concesión, ofreceremos 75.000 pesetas (452 €). Si protestan, contestaremos: «Lo siento, esto es lo que me puedo permitir».

De la misma forma, no haremos una concesión simplemente porque es nuestro turno.

Si ellos están dispuestos a seguir concediendo sin recibir nada a cambio, les dejaremos hacer. Deben de tener más margen para conceder lo que deseamos.

Cuidado con partir las diferentes ofertas

Conozco a un comprador que normalmente hace una oferta de apertura baja, la aumenta un poco, y entonces ofrece *partir la diferencia*. Es notable ver cómo pica a menudo la otra parte. A primera vista el trato parece razonable, pero cuando analizamos la división siempre parece que esté a favor del que la ha propuesto.

Antes de que accedamos a cualquier tipo de oferta, calcularemos dónde se propondrá la división y dónde encaja en nuestra línea de acuerdo.

Si decidimos rechazar una oferta, tomaremos de nuevo la iniciativa haciendo una contraoferta con nuestra propia propuesta. Podemos decir, por ejemplo, una frase como «lo siento, no llego a la división de la diferencia, pero esto es lo que puedo hacer».

Seguir la pista a las concesiones

Mientras sigamos la pista a todas las ofertas y concesiones, los modelos emergerán e indicarán las prioridades de nuestro oponente.

Si, por ejemplo, un comprador ha hecho dos concesiones en el precio y accede a pagar las horas extras de servicio, pero se niega a ceder en el pago por adelantado, esta será su mayor prioridad. En ese caso, podremos cuestionar cuáles son las razones de esta prioridad. Tal vez tenga problemas de liquidez inmediata.

Del mismo modo, si queremos que los otros entiendan nuestras prioridades, mandaremos señales que refuercen esas prioridades. Si la calidad es de una importancia fundamental, nos aseguraremos de que nuestras palabras, lenguaje corporal y ofertas se ajustan a esta prioridad.

¿Cómo acelerar el ritmo de la negociación?

Incidir en los intereses comunes

Para mantener el movimiento durante el intercambio de concesiones, incidiremos continuamente en los intereses comunes de ambas partes, resumiremos regularmente los progresos conseguidos y mostraremos continuamente nuestra disposición al intercambio.

Agradecer las concesiones

Cuando la otra parte nos otorgue una concesión, agradezcámoslo. Diremos «lo aprecio», en lugar de «eso no es lo suficientemente bueno» o «¿eso es todo?».

Evitaremos hacer declaraciones como «esta es mi oferta final» o «hasta aquí puedo llegar», demasiado pronto.

En la práctica, estas frases están diciéndole a la otra parte: «tómalo o déjalo», cuando lo que realmente deberíamos comunicar es: «estamos limando las diferencias que hay entre nosotros, sigamos yendo hacia adelante».

No convertir las cuestiones menores en cuestiones de principios

Una vez hayamos forzado a la otra parte a situarse en un lugar donde volverse atrás podría desprestigiarlo, habremos creado mayores dificultades.

Por ello, si la otra parte hace una propuesta ridícula, no incidiremos en ello. Abriremos una vía de escape que le permita volver atrás con armonía.

Del mismo modo, planearemos otros caminos que permitan volver atrás sin desprestigiarnos.

Por ejemplo: «Nuestro equipo ha dado con una combinación distinta de componentes que nos permite recortar nuestro precio sin perder ningún servicio».

Evitar el punto muerto

Si nos estamos hundiendo y parece que se ha llegado a un punto muerto, cambiaremos las cuestiones. No insistiremoss en fijar una cuestión particular antes de movernos hacia otro asunto.

Manejar las ofertas ridículas con cuidado

No abandonaremos una negociación simplemente porque la otra parte haya hecho una oferta ridícula. Más que enfadarnos, permaneceremos tranquilos y educados. Diremos: «Me gustaría hacer negocios con usted, pero es obvio que por el momento estamos a kilómetros de distancia. Quizá le gustaría reconsiderar su oferta y llamarme cuando haya tenido la oportunidad de reexaminar sus datos».

QUINTA ETAPA:
EVALUAR E INTERCAMBIAR LAS PROPUESTAS
RESUMEN DE LAS CUESTIONES MÁS IMPORTANTES

- *Recuerde que no puede negociar por partes.*

- *Dése un buen margen para negociar.*

- *Si está vendiendo, empiece alto. Si compra, empiece bajo.*

- *Todas las ofertas deben ser realistas y creíbles.*

- *Controle y vigile su escala de concesiones.*

- *Evite hacer la primera gran concesión.*

- *Conceda a regañadientes.*

- *Haga pequeñas concesiones.*

- *Asegúrese de que la otra parte es recíproca.*

- *Conceda despacio.*

- *Conserve concesiones para el trato del último minuto.*

- *Acompañe sus ofertas con una condición.*

- *Justifique todas las concesiones.*

- *Sígale la pista a todas las concesiones, sean propias o ajenas.*

- *Mantenga la negociación incidiendo en intereses comunes.*

- *Agradezca cada una de las concesiones recibidas.*

- *No convierta las cuestiones menores en cuestiones de principios.*

- *Evite llegar a un punto muerto.*

- *Maneje las ofertas ridículas con cuidado.*

R-E-S-P-E-T-O

Las siete etapas de un acuerdo

7.ª etapa
Obtener
la confirmación

6.ª etapa
Tramitar
el acuerdo

5.ª etapa
Evaluar e intercambiar
propuestas

4.ª etapa
Proponer condiciones

1.ª etapa
Relacionar
los datos

2.ª etapa
Examinar las
necesidades

3.ª etapa
Señalar el inicio
de la negociación

CAPÍTULO 9

Sexta etapa: tramitar el acuerdo

■ ■ ■

Yo siempre gano. Tú siempre pierdes.
¿Qué puede ser más justo que esto?
ASHLEIGH BRILLIANT

Hasta ahora hemos estado haciendo concesiones, al igual que nuestro oponente. Pero ahora nos estamos acercando a nuestro límite. ¿Cómo llevaremos la negociación hasta un final?

Cómo prever el cierre del trato

Juzgar cuándo concluir es siempre difícil. Empezaremos por observar las señales en el lenguaje corporal del otro. Fijémonos en los siguientes modelos de comportamiento:

a) El jefe ejecutivo de una cadena de zapaterías, sentado con los brazos cruzados y con los tobillos enlazados, descruza las piernas, se inclina hacia adelante y se sitúa más cerca del que está presentando una propuesta para llevar los asuntos legales de la compañía.

b) El jefe, que estaba repantigado en un sillón y parecía aburrido durante el debate sobre el coste de investigación y desarrollo, de pronto se incorpora y parece interesado.

c) El comprador, que parecía indiferente y que había estado moviéndose inquieto mientras el vendedor hablaba, se para y escucha atentamente.

d) El dueño de una importante compañía privada empieza a centrarse en los puntos técnicos más delicados de una propuesta de servicios de compra.

e) El agente de compras de una gran empresa industrial prueba repetidamente el cargador central de demostración.

f) El ingeniero de proyectos vuelve a buscar los componentes de muestra y los coge buscando en ellos posibles defectos.

Todas estas pueden ser señales de que la otra parte está cerca del acuerdo o de que ha cambiado de idea.

También debemos escuchar de cerca las palabras de la otra parte, buscando los indicios que están preparados para cerrar. Debemos prestar atención a preguntas como estas:

— ¿puede tener a sus auditores aquí el 6 de abril?;
— ¿cuándo pueden enviarlo?;
— ¿cuándo tenemos que pagar por ello?;
— ¿cómo alargaremos la garantía de 18 meses a dos años?;
— ¿cuál es el pedido mínimo que se necesita para comprar las máquinas de encuadernar?;
— ¿cuándo podría empezar a formar el personal?

Las preguntas de este tipo a menudo significan que la otra parte ya ha accedido mentalmente y está preparada para cerrar.

La prueba de cierre

Los negociadores débiles o inexpertos, inseguros de cuándo cerrar, se mantienen en la concesión hasta que la otra parte, abrumada por la generosidad, accede.

Para superar el problema de cerrar demasiado tarde, los equipos de ventas han desarrollado la *prueba de cierre*. Como el nombre indica, la prueba de cierre es un cuestionario para ver qué cerca de comprar se halla el cliente.

Los vendedores prueban al comprador con preguntas como:

— ¿dónde instalaría nuestra máquina?;
— si fuese a adquirir nuestro producto, ¿qué modelo preferiría, el económico o el de lujo?;
— si llevase adelante este asunto, ¿se sentiría mejor con la prima de servicio de 24 horas al día siete días a la semana o con nuestro horario estándar de apoyo?

Usada de modo efectivo, la prueba de cierre nos dará valiosa información de qué cerca se encuentra la otra parte de comprometerse.

Desgraciadamente, una vez que los equipos de ventas asumen el peligro de cerrar o cerrar demasiado tarde, muchos se van al extremo opuesto cerrando demasiado a menudo y demasiado pronto.

Consideremos este ejemplo:

VENDEDOR *(cerrando)*: Muy bien, ahora que nos hemos puesto de acuerdo con el precio, encargaré que le manden el modelo TR300 para que se lo lleven el próximo viernes.

COMPRADOR: Espere, no me dé prisa. Todavía no me he hecho a la idea de si estoy preparado para comprar.

VENDEDOR *(todavía intentando cerrar el trato)*: ¿Sería mejor si se lo dejamos para que lo pruebe? Si cumple los requisitos que usted pide, entonces sólo tendríamos que confirmar la venta.

COMPRADOR *(mostrando irritación)*: Mire, más despacio, ¿eh? Todavía no me ha mostrado el servicio de apoyo con el que cuentan y los términos de la garantía.

Lo mejor que se puede decir sobre las técnicas de cierre usadas aquí es que sacan a relucir las necesidades no resueltas del cliente. Como sea, en el proceso, el vendedor ha provocado innecesariamente enemistad con el cliente.

Un hábil negociador de ventas habría negociado con todas las necesidades antes de intentar cerrar el trato.

VENDEDOR *(revisando las necesidades que han estado encubiertas)*: Bien, parece que hemos recorrido un largo camino. Pero, antes de ir más lejos, ¿hay alguna cosa más que posiblemente le preocupe?

COMPRADOR: Sí, todavía no me ha hablado de los términos de la garantía ni de lo que su extenso *servicio de apoyo* significa realmente.

El vendedor ha negociado con las necesidades y preocupaciones de la otra parte y el trato se cierra naturalmente, sin ninguna enemistad.

VENDEDOR *(cerrando)*: Tenemos un modelo de la TR300 de sobra en nuestra sala de exposición. ¿Le gustaría que se lo reserváramos para usted y se lo mandásemos la próxima semana?

COMPRADOR: Sí, eso estaría bien.

Las técnicas de cierre más frecuentes

Las dos técnicas de cierre más populares y útiles son el cierre de resumen y el cierre de concesión. Son populares por dos razones: funcionan y, si se usan correctamente, no enemistan a la otra parte.

El resumen

En el cierre de resumen se cierra la negociación:

— resumiendo todo lo que se ha acordado hasta el momento;
— incidiendo en las concesiones que hemos hecho;
— destacando los beneficios que aporta acceder a nuestra propuesta.

Por ejemplo: «Hemos llegado a un acuerdo en el precio base de la máquina TR300 de 59.500.000 pesetas (358.433 €) más el plus de las instalaciones que es de 9.750.000 pesetas (58.735 €). Esto es una reducción de un 18 % del precio normal de nuestra máquina, mientras que el plus por la instalación se ha recortado en un 27,5 %.

»Una vez instalada la TR300 reducirá sus costes de procesamiento en un 16 %. Es mucho más fácil de utilizar que el sistema que utiliza usted actualmente, por lo que el tiempo de formación de personal será mucho menor. También ha mencionado usted cómo mejorará el flujo de fondos acelerando los pagos.

»Dado el progreso que hemos hecho, sería una lástima que no llegásemos a un acuerdo».

Si la otra parte dice «de acuerdo», y alarga una mano para confirmar el trato, lo habremos cerrado. Sin embargo, por lo general suelen decir «sí, pero...».

En ese caso volveremos atrás sobre la cuestión o cuestiones que han quedado pendientes.

En esta situación, podemos movernos hacia adelante ofreciendo otra concesión para asegurarnos el cierre. Por ejemplo: «Si nos ponemos de acuerdo en este asunto pendiente, ¿me está diciendo que tendremos un acuerdo?».

Si no podemos afrontar el hacer una concesión o queremos demostrar nuestros compromisos en la última oferta, confirmaremos nuestra posición: «Lo siento, pero esta es nuestra posición final. No podemos darle más porque sencillamente no hay más. Ya hemos concedido demasiado. Fíjese en todas las concesiones que ya hemos hecho. Todo lo que puedo hacer es acordar el trato tal como está ahora».

Si esto no nos asegura un acuerdo, ahora debemos demostrar cuánto hemos comprometido en nuestra oferta. Como un acto de compromiso, debemos dejar la negociación, pero dejaremos la puerta abierta para reabrir la negociación con comentarios como estos: «Creo que hemos llegado a un embrollo. Sencillamente, no le podemos dar nada más. Mire, ¿por qué no me llama después de que haya tenido la oportunidad de reexaminar su postura? Estoy seguro de que llegará a la conclusión de que lo que le hemos ofrecido es bueno y generoso».

La concesión

Si no podemos concluir una negociación con un resumen, intentémoslo con una concesión.

La mayoría de negociadores esperan que hagamos una concesión final para asegurarnos el trato.

Por lo tanto, debemos guardarnos siempre algo de valor para ofrecer en el acuerdo final.

Si hemos indicado que nos estamos acercando al límite haciendo concesiones progresivamente menores, nuestra concesión final no necesita ser demasiado grande.

Al contrario, si hacemos una concesión importante, nuestro oponente creerá que todavía puede obtener más concesiones y que el juego de tomar y presionar será más duro.

El jefe de división de un importante ministerio estaba negociando una tarifa especial de habitación y comidas para las pequeñas vacaciones de un fin de semana de un equipo de coordinadores con un dueño de hotel.

El cierre fue así:

HOTEL: Mire, ya hemos recortado nuestro precio base en un 40 %. Creo que eso es extremadamente generoso para la estancia de dos días de un grupo de 12 personas.

COMPRADOR: Mire, si aumenta el descuento hasta un 50 % y las habitaciones y el servicio son tan buenos como he oído que son, yo personalmente mandaré una circular a todos los otros jefes de división recomendando su hotel.

El hotel accedió. Llevar adelante la propuesta estaba en sus intereses a largo plazo. El ministerio consiguió un gran trato gracias al modo imaginativo en que el jefe de división planteó la concesión final. El jefe de división añadió valor a la concesión con una promesa *personal* de mandar una circular de recomendación. Este es también un clásico ejemplo de intercambiar lo que es barato para nosotros para lograr a cambio algo mucho más valioso.

Partir la diferencia

Una oferta de partir la diferencia a menudo cerrará un trato. Si, por ejemplo, nos separa una cantidad de 1.250.000 pesetas (7.530 €), generalmente obtendremos una respuesta mejor a la oferta de partir la diferencia que si la propuesta consiste en una concesión de 625.000 pesetas (3.765 €).

Partir la diferencia funciona porque requiere que ambas partes se muevan y apela si la propuesta consiste en nuestras nociones de equidad, buenos modales, cortesía y educación.

Sin embargo, no podemos afrontar el partir la diferencia a menos que nos hayamos posicionado adecuadamente durante el transcurso de las negociaciones, de modo que cuando se dé la división ocurra dentro de nuestros límites.

Otros tipos de cierre

Además de los cierres de resumen y de concesión hay otros tipos que también se usan.

El cierre basculante

Uno de mis favoritos es el cierre basculante. En esta situación la otra parte parece tener ganas de hacer el trato, pero todavía parece estar dudando.

Para asegurar el cierre diremos: «Veo que a usted le importa mucho que cada decisión que tome sea la correcta. Por ello, comparemos ahora las razones que le hacen dudar con las razones para proceder a un acuerdo».

Entonces tomaremos una hoja de papel y trazaremos una línea en medio. En un lado haremos que la otra parte escriba las razones por las que todavía duda. En el otro lado escribiremos una lista para firmar.

Si estamos intentando vender un nuevo sistema informático, la lista debe tener este aspecto:

Razones para dudar	Razones para acordar
Nos sentimos obligados con nuestro antiguo proveedor.	Nuestra garantía de tres años es la mejor en este campo.
El precio parece caro.	24 horas de servicio a domicilio.
	El incremento de la aceleración del procesador mejorará un 27 %.
	El sistema es muy simple de aplicar o cambiar.

Cuando escribamos nuestras razones para acordar, no deberemos exagerar. Es importante que el comprador vea este trabajo como una valoración equilibrada. Una vez que el comprador haya tenido la oportunidad de sopesar las razones, entonces podemos decir:

VENDEDOR: ¿Nos hemos dejado algo?
COMPRADOR: No, que yo sepa.

VENDEDOR: ¿Qué lado le parece que tiene más peso?
COMPRADOR: El lado que ha escrito usted parece que representa el mejor. Vamos a firmar.

El cierre de presunción

El cierre favorito de muchos vendedores es el cierre de presunción. El vendedor hace una pregunta con la cual presume que el cliente comprará. Si el comprador contesta la pregunta, accede a comprar. Variaciones de estas tres preguntas se usan en todo el mundo:

— ¿cuándo quiere que le llevemos el microondas a casa?;
— ¿los quiere en cajas de 10 o de 50?;
— ¿cuándo quiere que se lo instalemos?

El cierre de presunción usado demasiado pronto puede ser muy irritante y generar respuestas tipo «¡despacio!, no he dicho que lo vaya a comprar». Si empleamos este cierre, asegurémonos de que hemos solucionado todas las necesidades del otro y que está comprometido a proceder con el trato.

El cierre alternativo

Otro cierre útil es el alternativo. En lugar de hacer una propuesta final como «lo toma o lo deja», daremos a la otra parte una oportunidad. Por ejemplo: «No podemos concederle nada más pero estamos dispuestos a ofrecerle una alternativa. Le podemos proveer de transporte gratuito para todos los productos o si usted utiliza su propio transporte para recoger los artículos, le descontaremos un 2,5 % del precio. Depende de usted. ¿Cuál de las dos posibilidades cubre mejor sus necesidades?»

El cierre con amenazas

Los negociadores desesperados recurren al cierre con amenazas. Le ponen un ultimátum a la otra parte. «O bien cumple nuestras demandas, o si no hacemos huelga».

Las amenazas como estas aumentan inevitablemente la temperatura de la negociación y a menudo provocan mucha resistencia donde esperaban superar obstáculos. A nadie le gusta estar amenazado. Las actitudes se endurecen y la negociación se vuelve una prueba de auténtica lucha. Si la otra parte cree que nuestra amenaza es pura palabrería, puede decir que se trata de un farol. Y si no podemos llevar a cabo nuestro amenaza, nuestra credibilidad se evaporará y estaremos acabados. Incluso si tenemos el poder de llevar nuestra amenaza a cabo y forzar a la otra parte a acceder bajo coacción, los beneficios podrían tener una vida muy corta. Los oponentes resentidos tienen la costumbre de no cejar, buscar nuevas ocasiones o incluso vengarse.

Cuando esto sucede, es prácticamente imposible generar la buena voluntad que es esencial para alcanzar una solución en la que ambas partes salgan ganando. Lo mejor que podemos esperar es una solución en la que una de las dos pierdan, si bien lo más seguro es que no gane ninguna.

Manejar la tensión

El paso del cierre es tenso. Ambas partes están tan cerca de sus límites que estos parecen estar más cerca. El miedo al punto muerto se incrementa. La paciencia es cada vez menor, los nervios se pierden y se cometen errores. Para escapar de la tensión, algunos negociadores simplemente se apartan y abandonan buenos tratos potenciales.

Otros se vuelven agresivos y beligerantes, haciendo concesiones ridículas en cuestiones menores por principio. Por lo tanto, es imprescindible que mantengamos la calma y no perdamos el control.

No dejemos que los límites de tiempo nos presionen. Ajustémonos al plan de tiempo previsto. Mantengámonos sonrientes y proyectemos nuestra confianza con gestos precisos. La mayoría de las grandes concesiones se conceden a última hora, mientras los negociadores sienten disminuir su fuerza al aparecer su límite de tiempo cada vez más cerca.

Puntos muertos

No nos dejemos llevar por el miedo al punto muerto

Cuanto más tiempo invertimos en una negociación, más tenemos que perder en el análisis. Algunos negociadores destructivos utilizan el miedo al punto muerto exagerando las dificultades de alcanzar un acuerdo. Crean falsos límites de tiempo, interpretan retiradas simuladas y rabietas de mal genio. No debemos hundirnos nunca bajo este tipo de presiones.

Acabemos con el farol de la otra parte, preparémonos para el punto muerto y alejémonos si es necesario. Si los hechos no son más que una farsa, nuestro oponente pronto encontrará una salida digna para retomar la negociación.

Intentemos anticipar, evitar o esquivar los puntos muertos de última hora

Estemos preparados para añadir nuevas variables. Cuantas más cuestiones haya, más opciones habrá para crear una negociación en la que ambas partes salgan ganando.

Si no podemos resolver la cuestión final, preparémonos para movernos y vinculémosla con una o varias de las cuestiones que hayamos acordado.

Evitaremos las acciones provocativas

Si nuestro papel consiste en representar a los empleados, poco conseguiremos irritando a nuestros oponentes llamándoles, por ejemplo, piratas industriales.

Cambiemos la escala de tiempo

Si la negociación se está hundiendo en el barro de las cuestiones menores a corto plazo, pondremos énfasis en los beneficios a largo plazo del acuerdo. A menudo los obstáculos a corto plazo parecen relativamente menores cuando se comparan con las ventajas potenciales de ambas partes a largo plazo.

Si fuese necesario, cambiemos al negociador

A veces se necesita una cara nueva para prevenir o superar los puntos muertos. Una persona nueva piensa de un modo diferente, ve las cuestiones desde una perspectiva diferente y a menudo puede impulsar áreas donde otros han fallado.

Recurramos a un mediador

A veces una tercera parte independiente pude ser invitada a hacer el papel de mediador. Los mediadores, que son normalmente utilizados en las relaciones industriales y en la diplomacia internacional, no tienen un poder formal. Se les pide que ayuden a las partes a alcanzar un acuerdo entre ellas. La mediación es un trabajo de habilidad, tienen que ser capaces de lograr la aceptación de las dos partes. Necesitan la habilidad para identificar todas las cuestiones que atañen a ambas partes e identificar las prioridades de ambas partes. Tienen que ser capaces de empujar a las dos partes hacia un acuerdo, halagando las concesiones esenciales de ambas partes e inventando propuestas aceptables y soluciones.

Mantengámonos preguntando y escuchando

A la vez, los negociadores pierden su calma y el control bajo la presión del cierre, dejan de preguntar y de escuchar. Irónicamente este es el momento en el que estas habilidades son más necesarias. Los negociadores que continúan preguntando y escuchando hallan el cierre mucho más fácilmente, y cierran de forma natural sin la tensión asociada y sin enemistades.

SEXTA ETAPA: TRAMITAR EL ACUERDO
RESUMEN DE LAS CUESTIONES MÁS IMPORTANTES

■ *Decida en qué punto quiere dejar de negociar.*

■ *Valore cuándo es el momento adecuado.*

■ *Busque las claves en el lenguaje corporal.*

■ *Escuche las preguntas que indican una disposición al cierre.*

■ *Tantee la situación con una prueba de cierre.*

■ *Comience con un cierre de resumen.*

■ *Si es necesario, considere otros cierres.*

■ *Protéjase de las presiones del límite del tiempo.*

■ *Use el lenguaje del cuerpo para proyectar una imagen de confianza.*

■ *Intente anticiparse y evite los puntos muertos de última hora.*

■ *Considere cambiar al negociador o usar un mediador.*

■ *Pregunte y escuche.*

R-E-S-P-E-T-O

Las siete etapas de un acuerdo

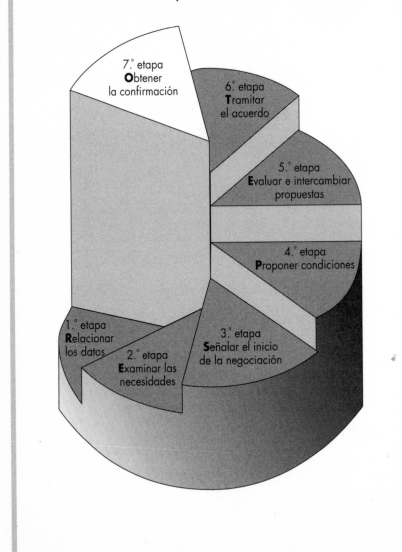

7.° etapa
Obtener
la confirmación

6.° etapa
Tramitar
el acuerdo

5.° etapa
Evaluar e intercambiar
propuestas

4.° etapa
Proponer condiciones

1.° etapa
Relacionar
los datos

2.° etapa
Examinar las
necesidades

3.° etapa
Señalar el inicio
de la negociación

CAPÍTULO 10

Séptima etapa:
obtener la confirmación
del acuerdo

■ ■ ■

Por falta de un clavo se perdió la herradura;
por falta de una herradura se perdió el caballo;
por falta de un jinete se perdió la batalla: todo
por falta de preocuparse por el clavo de una herradura.
BENJAMIN FRANKLIN

La alfombra roja se desenrolló. El champán corrió mientras ambas partes se felicitaban mutuamente por el gran trato. Wall Street y los medios de comunicación americanos aplaudieron el acuerdo. American Motors (AMC) y Beijing Automotive Works habían acordado formar una empresa conjunta, la compañía Beijing Jeep, para producir y vender *jeeps* en China. El *Free Press* de Detroit denominó el movimiento de American Motors como «una de las jugadas más astutas de la década». Los chinos se quedaron con el 69 % de las participaciones; los americanos controlaban el 31 %.

De acuerdo con el comunicado de prensa, la empresa conjunta primero modernizaría el *jeep* chino BJ212, usado por el ejército popular de liberación. Esto sería seguido de *un nuevo modelo de segunda generación* para vender en China y el Extremo Oriente.

Sin embargo, los americanos no se dieron cuenta que el lenguaje confuso del contrato contenía las semillas de problemas futuros. El acuerdo no detallaba qué tipo de nuevo *jeep* se construiría. La AMC no tenía los derechos para convertir sus ganancias en dólares y no había garantías de que el Gobierno chino otorgase suficiente divisa fuerte para comprar los componentes clave a Estados Unidos.

La empresa conjunta apenas había tomado tierra en enero de 1984 cuando las dos partes discutieron respecto al diseño del *jeep*. Los americanos querían que el diseño del *jeep* fuera una copia del de un *jeep* de AMC de modo que se pudieran intercambiar sus partes. Los chinos querían un *jeep* militar hecho a medida cuyo mayor cliente, el ejército chino, pudiese usar. Este tipo de *jeep* no se podía hacer con las piezas de AMC. Ambas partes habían pasado por alto esta cuestión durante las negociaciones del contrato. Después, les llevó meses de negociaciones intensas conseguir que los chinos accedieran a montar el nuevo producto de AMC, el Jeep Cherokee, con piezas importadas de AMC. Habría costado sobre unos mil millones desarrollar un nuevo *jeep* y ninguna de las partes se lo podía permitir.

Más tarde, a finales de 1985, el gobierno chino impuso duras restricciones al cambio de divisas extranjeras. Sin acceso a la divisa fuerte, la empresa no podría importar los componentes del Cherokee y no podría cambiar sus ganancias locales en dólares porque la moneda local no se podía cambiar.

Durante meses las piezas del Cherokee se amontonaron en Detroit. Para empeorar las cosas, las facturas impagadas del gobierno chino también se empezaron a amontonar. En invierno, la compañía Beijing Jeep quebró.

Los americanos estaban muy cerca de abandonar la empresa cuando el gobierno chino otorgó una concesión mayor. Le garantizaron a la compañía Beijing Jeep la suficiente divisa extranjera como para importar 12.500 componentes del Cherokee durante cuatro años. Los americanos habían planeado 5.700 en 1986 y 40.000 anuales para 1990.

Los chinos finalmente abandonaron sus planes de construir un nuevo *jeep* militar y el tan largamente concebido *vehículo de segunda generación* se redefinió como un Cherokee. Por último los chinos acordaron permitir a la empresa convertir sus ganancias chinas en divisa extranjera.

La compañía Beijing Jeep volvió a los negocios. Pero, ¿a qué precio? Si ambas partes no se hubieran dejado llevar por la euforia inicial y en su lugar se hubiesen tomado el tiempo necesario para atar cabos sueltos, el trato hubiese procedido de un modo mucho más relajado.

Comprobar lo acordado

No dejemos nunca una negociación hasta que hayamos vuelto atrás sobre cada punto del acuerdo. Contrastemos nuestros acuerdos con los del otro y aclaremos cualquier problema de interpretación. Si no nos podemos poner de acuerdo en lo que se ha dicho y acordado hasta ese momento, difícilmente lo haremos después. Aclarar los malos entendidos es mucho más fácil ahora que las memorias de ambas partes están relativamente frescas. Más tarde, a la vez que los recuerdos se desvanecen, los malos entendidos más simples se convierten en diferencias mayores cuando ambas partes comienzan a cuestionarse los motivos del otro.

Déjelo todo por escrito

Una vez que estemos de acuerdo en la interpretación de lo acordado, lo pondremos por escrito. No es necesario que sea un contrato formal; debe ser un documento que registre las cuestiones que se han acordado y los términos descritos.

Tome la iniciativa de redactar el documento

Redactemos el documento. Como redactores estamos forzados a pensar en el significado exacto de cada palabra y cada cláusula, y tenemos la obligación de darle forma al acuerdo final. La mayoría del tiempo la otra parte sólo se preocupará de unas cuantas cláusulas claves. Sin embargo, si nuestro oponente diseña el documento de acuerdo, nos esforzaremos por seguir cada cláusula. Cuestionemos cada ambigüedad y preparémonos para aguantar hasta que todo se haya aclarado a nuestro gusto. Unos cuantos minutos extras ahora pueden ahorrar miles de dólares en gastos de litigio.

Si es posible, redactemos el documento de acuerdo antes de separarnos del contrario. Si es un contrato largo y complicado que debe ser diseñado después, escribiremos una memoria de puntos acordados resumiendo los compromisos de ambas partes. Hagamos que lo firmen ambas partes.

Si existen algunas trampas legales potenciales, buscaremos ayuda de un profesional. Si la otra parte tiene sus propios expertos legales para el cierre, nosotros también debemos tenerlos.

Redacte con un lenguaje claro, simple y explícito

Escribiremos el acuerdo de modo que no sean posibles los malentendidos. Usemos un lenguaje simple y cotidiano; expliquemos de modo sencillo, precisemos las obligaciones de ambas partes y evitemos las palabras y las frases ambiguas. Los juzgados están llenos de contrincantes que disputan porque no están de acuerdo sobre el significado específico de las palabras.

Prever las futuras diferencias

Los documentos de acuerdo, por muy bien redactados que estén, pueden no cubrir todas las posibles diferencias que pueden surgir en el futuro. La mayoría de contratos incluyen reivindicaciones y procedimientos de arbitrio, pero eso sólo debe usarse como último recurso.

Los negociadores en la que ambas partes salgan ganando trabajan duro para evitar las soluciones legales. Prefieren limar las diferencias de modo informal antes de recurrir a la vía legal.

Si prevemos que habrá una necesidad de reuniones regulares, más vale planearlas pronto. No esperemos a que aparezcan las disputas para reunirnos con la otra parte. Las reuniones periódicas permiten solucionar problemas mientras estos son todavía pequeños y manejables.

Revise la negociación

Mientras tenemos las cuestiones todavía frescas en la memoria para reordenar lo que ha pasado, revisaremos nuestra actuación.

Primero, escribiremos lo sucedido en el orden en que ha pasado. Segundo, seguiremos los siete pasos (RESPETO) y valoraremos nuestra actuación. Mientras juzgamos el proceso de preparación nos haremos preguntas como:

— ¿hemos identificado los intereses del otro lado correctamente?;
— ¿hemos identificado las cuestiones clave correctamente?;
— ¿hemos hecho falsos supuestos?;
— ¿qué realista era nuestro plan de tiempo?;
— ¿hemos usado la estrategia correcta?

Finalmente, juzgaremos nuestra actuación en conjunto contestando a las grandes preguntas:

— ¿cómo lo hemos hecho?;
— ¿qué podíamos haber hecho mejor?;
— ¿qué podemos hacer para mejorar nuestra actuación en futuras negociaciones?

SÉPTIMA ETAPA:
OBTENER LA CONFIRMACIÓN DEL ACUERDO
RESUMEN DE LAS CUESTIONES MÁS IMPORTANTES

- *Verifique lo que se ha acordado.*

- *Redacte un documento de acuerdo.*

- *Redacte el documento con un lenguaje sencillo, claro y explícito.*

- *Cuestione cada ambigüedad.*

- *Prevea las futuras diferencias.*

- *Revise su actuación.*

MÁS CUESTIONES
DE IMPORTANCIA
EN UNA NEGOCIACIÓN

CAPÍTULO 11

Establecer una relación satisfactoria

◼ ◼ ◼

*Las relaciones industriales son como las relaciones sexuales:
son mejores cuando las dos partes consienten.*
LORD VIC FEATHER

Durante las negociaciones con los árabes, la presidenta del estado israelí Golda Meir insistió en reunirse con sus oponentes cara a cara. Un periodista sugirió que eso no era necesario.

—Incluso los divorcios se tramitan sin una confrontación personal —dijo el periodista.

—No estoy interesada en un divorcio —contestó la señora Meir—. Estoy interesada en un matrimonio.

Las negociaciones, al igual que el matrimonio, implican las relaciones de personas. Para que funcionen, ambas partes deben ser capaces de ajustar sus diferencias. Roger Fisher y Scott Brown del *Harvard Negotiation Project* definen una relación de trabajo exitosa como *aquella que es capaz de tratar bien con las diferencias*.

Una relación que funcione debe ser lo suficientemente dura como para manejar las diferencias que causan los diferentes valores, las diferentes percepciones y los diferentes intereses. Debe ser lo suficientemente elástica como para enfrentarse con desacuerdos fundamentales, lo suficientemente resistente como para vérselas con las explosiones de cólera y los suficientemente flexible como para mantener el diálogo abierto, incluso cuando parece que hay pocas cosas que decir.

Las diferencias raramente desaparecen por arte de magia. Pero si mantenemos el proceso de solucionar problemas abierto, incrementamos de modo espectacular las oportunidades de encontrar una solución que satisfaga los intereses de ambas partes.

Las reglas de oro para establecer una buena relación

Los puntos esenciales para crear una relación que funcione a largo plazo se pueden reducir a *seriedad*, *racionalidad* y *receptividad*. Piense en ellos como los tres pilares para establecer relaciones.

Ser serios

La seriedad da lugar a la confianza que sirve de puntal para una relación exitosa. Una vez que hemos probado que somos personas que cumplen su palabra, nuestra credibilidad se refuerza y nuestras palabras empiezan a tener un gran impacto. Por contra, desconfiamos de la gente informal y nos cuesta creer cuanto digan o prometan.

La gente seria es predecible. Las personas serias no nos disgustan con sorpresas desagradables que nos cojan desprevenidos.

Y la gente seria consulta con nosotros y nos mantiene informados antes de tomar decisiones importantes que nos puedan afectar.

La gente seria se comunica de forma clara y precisa, cuando toman un compromiso lo explican de modo preciso. Por ejemplo, si nos están prometiendo que van a transportar los muebles de nuestra habitación, dicen: «Se lo llevaremos no más tarde del jueves después del mediodía». Evitan cuidadosamente hacer comentarios que puedan ser mal interpretados como: «Deberíamos ser capaces de llevárselo el jueves». Los comentarios sin cuidado como este pueden crear fácilmente falsas expectativas y dañar la credibilidad.

La gente seria se toma *todas* sus promesas en serio. Y lo que es más importante, las cumplen (incluso las que parecen pequeñas y triviales).

La gente seria es honrada. La honradez es crítica para una relación que funcione. La gente seria no decepciona.

Sin embargo, la honradez no requiere una total transparencia. Por ejemplo, si uno de nuestros proveedores nos pregunta por ciertos costes, simplemente le diremos: «Lo siento, pero esa es información confidencial». Esto es más sencillo que disfrazar los números.

Ser racionales

Es mucho más fácil establecer una buena relación que funcione con alguien que toma decisiones basadas en la razón más que en la emoción. La gente racional no se encuentra abrumada por la emoción —utilizan la razón y la lógica para desarrollar sus razones y mantenerse fríos, incluso cuando los otros pierden el control—. Los negociadores que se mantienen racionales invariablemente cometen menos errores.

Las emociones no se pueden eliminar totalmente de una negociación. Todos tenemos necesidades emocionales y satisfacerlas es una parte importante de la mayoría de negociaciones. Las emociones como la afectividad y la empatía pueden incluso mejorar las relaciones. Las emociones como el miedo y la cólera, sin embargo, bloquean la lógica y crean barreras al entendimiento.

Un negociador debe, por lo tanto, negociar abiertamente sin emociones que estén dañando la relación.

Por ejemplo: «Me doy cuenta de que usted está enfadado. Vamos a ver si podemos llegar hasta la raíz que está causando el problema». El reconocimiento y el hablar de las emociones permiten a la razón tomar el control. Una vez que la gente está preparada para negociar con las emociones de modo racional, el problema está bajo control.

Ser receptivos

Siempre es más fácil trabajar con alguien que es receptivo a nuestras ideas o sugerencias y que está dispuesto a escuchar y comprender nuestras necesidades y preocupaciones. Porque son accesibles, se encuentran más próximos y son más abiertos, rápidamente creamos lazos con ellos que hacen que el ajuste de diferencias resulte mucho más fácil.

La gente receptiva comprende. Hacen el esfuerzo de entender las necesidades de la otra parte, los intereses y las preocupaciones. Muestran empatía intentando ver el problema a través de los ojos de la otra persona.

Comprender requiere una comunicación periódica en ambos sentidos. Siempre apreciamos que la otra persona nos consulte antes de tomar una importante decisión. Los buenos comunicadores crean entendimiento a través de la escucha activa. Cuando los oyentes activos parafrasean los contenidos y las emociones, demuestran su comprensión y su interés.

Respeto mutuo

Para resumir, una relación exitosa que funcione se basa en el *respeto mutuo*. Si se siguen los consejos ofrecidos en los siete pasos para un acuerdo (RESPETO) se colocarán los cimientos para una relación exitosa a largo plazo. El arte de la negociación se encuentra en crear acuerdos en la que ambas partes salgan ganando y perduren sus buenas relaciones.

Las trampas psicológicas

Unos consejos como estos deben parecer de sentido común. Pero, como suele suceder con el sentido común, no se ponen en práctica comúnmente. La mayoría de las dificultades que tenemos para trabajar en colaboración y crear confianza, entendimiento y compromiso son psicológicas.

Normalmente las dos partes de una disputa se han formado una idea preconcebida del otro al verlo. Una parte piensa: «Tiene aspecto problemático. Ya me han hablado de él. No hay manera de que me dé gato por liebre; si él juega sucio, yo estoy dispuesto a jugar tan sucio como él». Por supuesto, cuando la otra persona, que al principio intentaba ser razonable y cooperar, se encuentra con esta agresión responde de la misma manera. Ambas partes se ven entrampadas por sus propias suposiciones que rápidamente crecen y se convierten en una disputa declarada.

Para mostrar qué fácil es entrampar a los otros, a veces me gusta jugar a un juego llamado *la subasta del billete de 10.000 pesetas*. El inventor del juego, Martin Shubik, un economista de Yale, alega haberlo probado en el circuito de fiestas de la Universidad de Yale. Podemos, intentarlo y ganar algún dinero, pero perderemos muchos amigos.

El juego comienza sacando un billete de 10.000 pesetas del bolsillo y anunciando que estamos dispuesto a subastarlo al mejor precio. Hay tres simples reglas:

1. Las ofertas deben ser múltiplos de 1.000.

2. La oferta más alta ganará las 10.000 pesetas. Sin embargo, *la segunda oferta más alta* debe pagar al subastador la cantidad de su puja. Por ejemplo, si Miguel puja con 5.000 pesetas y Jaime lo ha hecho con 4.000 y las ofertas finalizan en este punto, el subastador le pagará a Miguel 5.000 pesetas (10.000 pesetas menos su oferta) y Jaime, por ser el postor que ha hecho la segunda oferta más alta, le pagará al subastador 4.000.

3. La subasta acaba cuando pasa un minuto sin que puje nadie más.

En una subasta típica todo el mundo puja furiosamente hasta que alcanzan las 5.000 o las 6.000 pesetas. Entonces empiezan a ir despacio. El número de postores normalmente cae hasta que los dos mayores postores se encuentran en 9.000 y 10.000 pesetas. En este momento los dos postores, ¿hacia dónde deben ir? A menudo, el que ha pujado con 9.000 pesetas aumenta la oferta a 11.000 y la subasta sigue adelante. Entonces las ofertas suelen subir hasta 40.000 pesetas o más.

El juego a menudo acaba cuando uno de los postores aumenta su oferta hasta 50.000 pesetas para superar la otra de 41.000. El subastador entonces procede a recoger las 41.000 del perdedor y las 50.000 del *ganador*. Por supuesto, no hay ganador. La meta del juego, una vez se ha superado la oferta de 10.000 pesetas, es evitar perder para salvar la dignidad. Lo que comienza como un amistoso juego rápidamente se convierte en una lucha psicológica.

Las trampas emocionales se pueden evitar si somos racionales, serios y receptivos. La mayoría de disputas pueden ser cortadas de raíz por los negociadores que tienen una buena relación que funciona. Pero, ¡cuidado!, una vez que un conflicto se sale de control y se convierte en una lucha psicológica, el efecto sobre la relación puede ser definitivo.

CAPÍTULO 12

Poder y persuasión

■ ■ ■

Todo lo que quiero es una cama cálida
y una palabra amable y un poder ilimitado.
ASHLEIGH BRILLIANT

Las palabras brillantes son la sustancia de las fantasías de los dictadores y tiranos, pero los negociadores no deben nunca contentarse de un modo similar. Mientras todavía podamos decir no a una propuesta, estamos en una negociación. En el momento en que *no tenemos más remedio* que acceder a una proposición, eso ya deja de ser una negociación.

Aunque la palabra *poder* tiene todo tipo de connotaciones negativas, el poder en sí mismo ni es bueno ni malo. «El poder —escribió George Bernard Shaw— no corrompe a los hombres, pero los locos, si alcanzan una situación de poder, corrompen el poder». De hecho, conviene tener poder sobre otros negociadores hasta el punto de que inducirles a hacer algo que, en otras circunstancias, no harían.

Los negociadores débiles o torpes suelen echarle la culpa de sus pobres actuaciones al poder.

«¿Qué podíamos hacer? La otra parte tenía la carta más alta», dicen compadeciéndose.

Podemos reconocer a un buen jugador de cartas por su habilidad para jugar una mano pobre. Los mejores negociadores poseen habilidades similares. Incluso cuando aparentemente tienen poco poder, parecen ser capaces de lograr la mayoría de lo que quieren. Para ellos, el poder tiene mucho de estado mental, una cuestión de percepción.

Consideremos los problemas con los que se encuentra un trampero esquimal cuando sale de la oscuridad del Ártico a vender sus pieles de zorro en el único mercado que hay en millas a la redonda. Si alguna vez un comprador disfruta de un monopolio, debe ser un comprador de pieles del Ártico. Incluso el esquimal sabe cómo limitar el poder del comprador.

Cuando un trineo llega cargado de pieles y trae a un trampero esquimal, a su mujer y su familia de la lejanía salvaje para realizar el trueque de pieles, todos los habitantes del pueblo les rodean para darles la bienvenida. El trampero y su mujer entran en la casa de trueque para un gran banquete. Todos los habitantes del pueblo entran también mirando y escuchando. Peter Freuchen, un tratante de pieles noruego, describe lo que sigue en su *Libro de los esquimales*.

Discutimos sobre el tiempo, la caza en verano y los perros. El único asunto del que no hablamos fueron los zorros. Al día siguiente pasó lo mismo: bailes, comidas, charlas, y al día siguiente y al siguiente, hasta que por mi parte pensé que la hospitalidad había llegado al final. Entonces, sencillamente le pregunté al hombre si había cazado algunos zorros ese año.

—¿Zorros, yo? —contestó—. De eso nada. Uno es un pobre cazador, especialmente con los zorros.

—Bien —dije—. Lo siento porque me hubiese gustado tener pieles nuevas de zorro para enviar al país de la gente blanca cuando llegue el barco el próximo verano.

—¡Oh! —gritó el hombre. El gran y amable hombre blanco había cometido un error—. ¡Oh!, no sabe lo poco capaz que soy de cazar zorros.

—Bien —remarqué—. He visto un par de bolsas en la carga que están ahora en los estantes de la carne y había pensado que contenían pieles de zorro.

—Bien —dijo el hombre—, puede que tenga tan sólo un par de pieles en las bolsas, pero las usamos para sacarnos la grasa de las manos y otras cosas sucias.

—Muy bien —dije—. Da lo mismo, me gustaría tener algunas. ¿Qué le parece si les echamos un vistazo mañana?

Llegó el día siguiente y después de desayunar tengo que volver a animar al cliente para que muestre su mercancía. Ahora llega el gran momento del año. Las lleva en un par de sacos, cada uno de los cuales contiene una cincuentena de pieles de zorro azul, y se ha asegurado de antemano de que todo el pueblo esté presente para ver su triunfo. Como si los estuvieran llevando a la horca, abren sus sacos y sacan el contenido. Ahora es mi turno. Miro las pieles, asombrado, sorprendido y derrotado.

—Bien —digo—, como siempre, estas son las mejores pieles del año. Sabía que las traería usted y así ha sido. Hay algo que lamentaré durante años porque no puedo comprar estos zorros.

El hombre levanta la cabeza, sorprendido.

—¿Qué ha dicho? ¿Son demasiado malas para que las acepte?

—Oh, no, no. Todo lo contrario. Tendrá que llevarse de vuelta con usted cada una de sus pieles porque no tengo nada con que pagarlas. Los productos de trueque que llegaron este año son especialmente malos. No tenemos los suficientes y realmente no son del tipo de cosas con las que se pueden pagar unas pieles como las suyas.

—¡Pagar! —grita el hombre con todas sus fuerzas—. ¿No creerá que me rebajaría tanto como para aceptar algún pago por estas pobres pieles? Me sentiría feliz si las aceptara.

Al final añado la pregunta:

—No puedo pagar las pieles, pero estoy ansioso por mostrarle mi gratitud con mis pequeños regalos. ¿Qué podría usted pensar que querría en caso de que yo pudiese presuntamente comparar mis indignos bienes con sus valiosas pieles?

Empezó:

—¡Que qué quiero! ¡Que qué quiero! Oh, yo soy un hombre sin deseos. No sé si quiero algo.

Entonces me toca a mí:

—¿No quiere un fusil?

—¡Un fusil! ¡Un fusil! Oh, un fusil ha estado en mis pensamientos y en mis sueños durante mucho, mucho tiempo; pero yo, el hombre al que está escuchando, soy un cazador terrible. ¿Por qué debería tener un fusil?

—Bien, le daré un fusil. También necesitará un cuchillo y algunas herramientas. ¿Y qué más?

Ahora que ha llegado el gran momento el hombre no sabe lo que quiere. Pero yo tengo las pieles, así que invito al hombre y a su mujer y a sus hijos a entrar en el almacén para ver lo que hay. Cogen la llave y entran en el almacén. Entran, cierran la puerta con cuidado, y pasan el resto del día decidiendo cada cosa.

Mientras tanto, yo tengo la oportunidad de mirar esas pieles y hacer números de mis precios, y finalmente, por la tarde, cuando la pareja vuelve, el hombre tiene sus deseos. Él nunca dice lo que quiere, pero habla de los cuchillos que ha visto, esos dos con la empuñadura blanca y ese con la empuñadura marrón, y los pequeños con el punto.

Comienza:

—Y entonces he mirado las limas. ¡Qué limas más bonitas! Y he visto que allí tiene hachas.

Le interrumpe una especie de grito o llanto que llega de la parte de atrás. Es su mujer, cuidadosamente instruida por él, quien ahora empieza a compadecerse del marido tan atrevido y fresco que tiene porque está pidiendo, incluso después de que se ha probado delante de todo el mundo que él no tiene nada con qué pagar. Por supuesto, esto sólo sirve para que yo proteste y diga que esas pieles son maravillosas, incomparables, etc.

Me dirijo a la mujer:

—¿Y usted qué? ¿No va a hacer ningún trueque? ¿No quiere nada?

Se pone colorada y busca un lugar donde esconderse.

—¿Yo? ¡Realmente no! ¿Qué debería querer? ¿Soy alguien que merezca algo? Oh, no; no tengo deseos de nada.

—Pero, ¿no había nada allí que le gustaría tener?

—Me gustaría tener... ¡Oh!, yo no tenía deseos; sólo esa gente que vale algo debería tener algo.

—Bien, pero yo sólo quiero que se lleve algo.

Y después de algunas excusas más, ella dice lo que le gustaría tener. Algunas agujas. Y también quería unas tijeras, y quería hilo. Tal vez le irían bien algunas camisetas para los niños y también para ella; también peines. Y:

—Me gustaría tener un espejo, aunque, desde luego, nunca me miraría en él.

La esposa sigue pidiendo y, finalmente, tengo que detenerla para que no pida más. Mientras tanto he calculado cuánto pueden llevarse por cada piel y lo he anotado en un pedazo de papel y los he mandado afuera con mi empleado, quien está ahora en la tienda preparando los bienes para el transporte. Ahora mi empleado tiene sus problemas allá afuera mientras escogen lo que quieren entre las diferentes tazas, ollas y los fusiles.

Y ahora viene el final del trato, cuando muestran su astucia y prueban qué buenos negociadores son.

El hombre viene corriendo:

—¡Oh!, lo siento. Cuando le dije lo que necesitaba olvidé pedirle tabaco. Me gustaría tener tabaco.

—De acuerdo.

Le doy el tabaco.

Unos minutos después volverá con sus compras.

—Bien —dirá—, he visto un cuchillo allí dentro que me gustaría tener en lugar de este, aunque no dormiré si no me voy también con este.

Le dejo coger el cuchillo.

La mujer estaba allí:

—También había un vestido rojo.

Entonces el hombre viene otra vez:

—He estado todo el tiempo pensando en una sierra, pero mi lengua no quiso pronunciar la palabra.

Le dejo coger la sierra. Y ellos siguen. La única manera de pararlos es tener la comida preparada. Y el trato está cerrado.

Al día siguiente tiene lugar la partida. Los perros ya tienen sus arneses y están atados al trineo. Pero seguro que vuelve en el último momento:

—¡Oh!, me olvidé de las cerillas. ¿Por qué no mencioné una lima para la sierra? Si sólo hubiese pedido un poco más. Lo suficiente para tener una punta de arpón.

El hombre más astuto es el que recuerda más. Consigue una reputación entre sus compatriotas. Por supuesto, el hombre perfecto de pensamientos rectos no sabe nada de esto y no lo tiene previsto, pero el que comercia con pieles se guarda cuatro o cinco pieles de zorro para arreglar los olvidos y deseos adicionales.

Cuando todo está cargado y la mujer y los niños se han situado encima del trineo, el hombre le hace una señal a los perros para que se levanten y estén alerta. Entonces yo salgo con un paquete en mi mano y le doy a la mujer algo de té y azúcar, o cualquier otra cosa que yo sé que le gustaría. Por supuesto, estas cosas también han sido previstas[2].

2. *Peter Freuchen's Book of the Eskimos, Ed. Dagmar Freuchen,* The World Publishing Company, Cleveland, Ohio, 1961, pp. 72-78.

El esquimal mostró todas las habilidades de un maestro de la negociación. Desde el principio implicó a todo el pueblo en la negociación. Los habitantes observaron la mayoría de los acontecimientos, y como resultado, el tratante de pieles estuvo siempre bajo la presión pública para comportarse con gentileza y ser razonable.

Haciendo el papel del vendedor reticente, el esquimal forzó al tratante a declarar públicamente qué maravillosas eran las pieles y cuánto las quería.

El esquimal usó bien el tiempo. Desde el principio hizo una exhibición de una gran paciencia y no mostró nunca ni un asomo de desesperación por vender.

Antes de llevar adelante la negociación real, el esquimal y su familia pasaron un día entero en la tienda clasificando sus necesidades. El trato real estuvo bien orquestado con la intervención de la mujer en los momentos oportunos. Entonces, después de que el trato supuestamente ya había cesado, no tuvieron inconveniente en conseguir algunos extras a última hora.

En resumen, el esquimal entendió las diferentes maneras de utilizar el poder y explotó cada una de ellas al máximo.

Las seis formas de poder

Los científicos sociales han distinguido seis formas de poder: el poder de gratificación, el poder coercitivo, el poder legítimo, el poder de la información, el poder experto y el poder personal.

El poder de gratificación

Prácticamente cada padre ha usado dulces, juguetes y otros regalos como una forma de persuasión con sus hijos. Para los niños este es el poder de la piruleta. Para los adultos sofisticados es el poder de la gratificación. Los profesores nos inducen a trabajar duro para lograr condecoraciones. Los que nos contratan nos persuaden para trabajar más duro con salarios más altos, bonos y porcentajes de productividad. Cualquiera que pueda dar o retener una gratificación maneja el poder. Si estamos comprando una casa nueva, tenemos el poder de gratificar al vendedor con una comisión o podemos retenerla rechazando la compra.

La única forma de protegernos del poder de la gratificación que tiene el otro negociador sobre nosotros es demostrar nuestra reticencia.

Si estamos comprando una casa, incluso si se trata de la casa de nuestros sueños, debemos prepararnos para apuntar los fallos. Hagámosle saber al vendedor que estamos considerando alguna otra zona. Hagamos lo que hagamos, no nos enamoremos abiertamente de la propiedad. La expresión pública de afecto podría acabar costándonos muchísimo.

El poder coercitivo

El poder coercitivo es el opuesto al poder de gratificación. Cualquier persona o institución que tiene el poder de castigar o quitarte algo tiene el poder coercitivo. Un jefe de ventas le recorta la paga al vendedor porque no alcanza los cupos del año. Un ejecutivo despide a su secretaria por equivocarse con los mensajes del contestador. Una madre riñe a su hijo porque no ha limpiado el jardín trasero. Un suministrador impone un cargo de penalización a una cuenta que no se ha pagado en su momento. Un banco extingue el derecho de redimir una hipoteca que tiene cargas.

En 1988, cuando los ejecutivos de Walt Disney estaban negociando la compra de Wrather Corporation, dueños del hotel de Disneylandia, amenazaron severamente con incrementar los derechos por el uso del monorrail que unía el hotel con el parque de Disney. De acuerdo con la revista *Fortune*, «esta táctica de *la pistola en la cabeza* forzó a Wrather por menos de lo que los ejecutivos de Warther pensaron que era su valor».

El poder coercitivo no se debe considerar necesariamente como malo o inmoral.

Un padre o escuela que no tiene ya el poder de la disciplina puede estar tan desarmado como un jefe que ha perdido el poder de despedir a sus empleados.

A causa de estas connotaciones negativas, el poder coercitivo debe ser ejercido con gran discreción, especialmente cuando se involucra la buena voluntad.

Después de la derrota de Alemania en la primera guerra mundial, una delegación de las fuerzas alemanas se dirigió al comandante francés, el mariscal Foch, para pedirle los condiciones del armisticio. Foch cogió un papel de su escritorio y leyó una lista de condiciones:

—Pero debe haber algún error —murmuró incrédulo el jefe de la delegación alemana—. Ninguna nación civilizada puede imponer estas condiciones a otra.

—Me alegro de oírle decir eso —replicó Foch—. No, caballeros, estas no son nuestras condiciones. Estas son las condiciones que un comandante alemán impuso en una de nuestras ciudades, Lille, cuando se rindió a ustedes.

Cuando usemos el poder coercitivo, pensemos siempre cuidadosamente en los efectos a largo plazo. El poder coercitivo puede dañar fácilmente una relación.

Para contar con el poder coercitivo, debemos superar los miedos y estar preparados para levantarnos por lo que creemos justo. No permitamos que el miedo a un castigo ofusque nuestros juicios. Debemos insistir en que cada propuesta que hagamos se considere por su mérito.

El poder legítimo

Imaginemos que nos hemos presentado voluntarios para participar en un experimento del estudio de la memoria que hace el profesor Stanley Milgram en la Universidad de Yale.

Cuando llegamos a la sala del laboratorio, nos recibe un investigador de gesto severo vestido con una bata gris de laboratorio. La otra persona con la que nos encontramos es por el contrario agradable, bien educado y de mediana edad.

El investigador explica que el experimento trata de cómo el castigo afecta al aprendizaje. Después de una serie de explicaciones, acabamos haciendo la parte del papel que corresponde al profesor, el contable representará al alumno. Al contable le han dado una lista de parejas de palabras que debe memorizar.

Vamos a una habitación vecina. El alumno está atado con correas a una silla. Un electrodo está adherido en la muñeca del alumno. También se le aplica una pasta al electrodo para evitar ampollas y quemaduras. El investigador nos dice que el electrodo está conectado a una unidad de generadores de descargas que está situada en una habitación adyacente.

Comenzamos a inquietarnos. Vamos a la habitación donde está el generador. Tiene 30 interruptores de potencia y cada uno de ellos abarca entre 15 y 450 voltios. Los interruptores están agrupados por categorías, *shock* ligero, *shock* moderado, *shock* fuerte, *shock* muy fuerte, *shock* intenso, *shock* de extrema intensidad y *shock* de alto riesgo. Los dos últimos interruptores se han etiquetado simplemente con XXX.

El investigador nos indica:

—Administre una descarga al alumno cada vez que dé una respuesta equivocada a una pregunta. Y si da otra respuesta equivocada suba un punto el nivel del generador de descargas.

El investigador nos dice que la descarga puede ser dolorosa y nos lo demuestra aplicándonos una de 45 voltios, sólo para comprobar que el equipo funciona.

La primera parte del experimento parece inofensiva. Está la tarea de las equivocaciones, pero las descargas parece que se pueden aguantar. Entonces los errores empiezan a incrementarse y el voltaje va subiendo claramente. A los 120 voltios el alumno empieza a gritar:

—¡Investigador, déjeme salir de aquí! ¡No quiero seguir con el experimento! ¡Renuncio a seguir!

A los 180 voltios chilla:

—¡No puedo soportar el dolor!

Y sobre los 270 voltios los gritos son de agonía. Cuando se pasa la barrera de los 300 voltios el alumno golpea la pared.

Cada vez que queremos parar las descargas, el investigador nos ordena seguir.

¿Qué haríamos realmente si nos encontráramos en esta situación? ¿Desobedeceríamos al investigador y nos negaríamos a seguir infligiendo las descargas? ¿Hasta dónde llegaríamos antes de parar?

Antes de que empezara el experimento, Milgram preguntó a grupos de psiquiatras, estudiantes y adultos de clase media cuántos sujetos administrarían la descarga máxima de 450 voltios. La gran mayoría contestó que entre un 1 y un 4 %.

Milgram halló un número enorme —de hecho el 62 %— de *profesores* voluntarios que estaban dispuestos a administrar la descarga máxima de 450 voltios. (Téngase en cuenta que las descargas nunca fueron administradas realmente. Los alumnos de Milgram eran actores).

¿Qué explica este hallazgo alarmante? ¿Eran los profesores voluntarios un puñado de sádicos retorcidos? No. Los cuestionarios de personalidad y los repetidos experimentos confirmaron que los individuos de Milgram eran ciudadanos corrientes.

¿Qué hizo que se comportaran de ese modo tan terrorífico? «Tiene que ver —dice Milgram— con un sentido de deber de autoridad muy acendrado». A pesar del hecho de que prácticamente todos los sujetos querían desobedecer los deseos del experimentador, cuando llegaba la orden no podían desobedecer los deseos del jefe del estudio, el investigador con la bata gris. La bata de laboratorio y todas las circunstancias que le rodeaban le daban al experimentador el poder legítimo.

Y los adultos son capaces de llegar extraordinariamente lejos para obedecer la orden de una autoridad legítima.

No deberíamos sorprendernos de este hallazgo. Si no estuviéramos de acuerdo la mayoría del tiempo con aquellos que tienen el poder legítimo, policía, jueces, jefes, la sociedad se colapsaría en el caos.

Cuando investimos a alguien con un título, oficina o papel le conferimos el poder legítimo. Los soldados siguen las órdenes de sus oficiales sin preguntar porque han sido entrenados en que hacerlo es necesario o *legítimo* para ellos. Los que ostentan un título se rodean de adornos y símbolos que enfatizan el poder de su posición. A medida que un ejecutivo escala en la empresa, su oficina es mayor, los muebles son más lujosos y los coches se convierten en limusinas.

Preparémonos para desafiar el poder legítimo cuando este se usa de modo no razonable contra nosotros. No nos dejemos intimidar o hipnotizar por títulos, posiciones u oficinas o la parafernalia que los acompaña. El diplomático y hombre de negocios americano Joseph Kennedy aconsejó: «Siempre que estés sentado enfrente de alguna persona importante, imagínatela sentada ahí en ropa interior de color rojo. Esta es la forma en que manejo los negocios».

El poder de la información

Año: 1912. Theodore Roosevelt estaba cerca del clímax en una dura lucha de la campaña presidencial. El esfuerzo final fue un viaje a través del centro de Estados Unidos. En cada parada Roosevelt planeó llevar y enviar y entregar en mano miles de panfletos. En la cubierta de cada panfleto había un retrato presidencial imponente; dentro había un discurso entusiasta. Esperaban que esto ganaría los votos vitales de los indecisos.

El viaje final estaba a punto de comenzar cuando un trabajador de la campaña se dio cuenta de una pequeña impresión en cada fotografía: «Estudios Moffett, Chicago». El fotógrafo tenía los derechos de impresión y nadie le había conseguido la autorización de Moffett.

El uso no autorizado podía costar un dólar por cada panfleto distribuido. El panfleto con una factura de tres millones de dólares recorrió como un escalofrío a los que trabajaban en la campaña. Sencillamente no podían pagar esa cantidad. Los panfletos eran una parte crucial de la estrategia de reelección. Si seguían adelante sin el permiso de Moffett y los descubrían, serían acusados de no cumplir la ley y deberían pagar una pequeña fortuna.

Los trabajadores de la campaña concluyeron que no tenían alternativa; debían negociar con Mofflett y no tenían tiempo que perder.

Te podemos imaginar cómo se sentían. Parecía que Moffett los tenía contra las cuerdas.

Desanimados, le pidieron ayuda al jefe de la campaña George Perkin. Perkin ordenó inmediatamente mandarle un telegrama a Moffett.

«Estamos planeando distribuir muchos panfletos con la fotografía de Roosevelt en la cubierta. Será una gran publicidad para el estudio que haya hecho la fotografía que usemos. ¿Cuánto pagaría usted para que usáramos la suya?»

La respuesta llegó pronto: «Nunca hemos hecho esto antes, pero bajo estas circunstancias, nos complacería ofrecerles 250 dólares».

La leyenda dice que Perkin aceptó sin pedir más. Perkin entendió el poder de la información; el papel crítico que interpreta a la hora de darle forma a una negociación. Controlando de modo selectivo el flujo de la información aportada a Moffett, Perkin creó la ilusión de que era él quien tenía la mejor mano.

El poder de la información se encuentra en el corazón del proceso de compra. Incluso en las negociaciones más simples, ambas partes toman una posición, presentan los hechos, argumentos, datos y otras informaciones que apoyan su posición. Entonces ambas partes utilizan la información para hacer que la otra parte modifique su posición hasta que hay el suficiente terreno común como para alcanzar un acuerdo mutuo satisfactorio.

Para vigilar que la información no sea ocultada o manipulada, tenemos que ser muy cautelosos. Cuanta más información tengamos, más poder tendremos. Es así de simple.

El poder del experto

Imaginemos que nuestra familia se ha mudado a una nueva vecindad donde ha sido víctima de la plaga de enfermedades comunes y sarpullidos en la piel. Muchos de nuestros vecinos sufren las mismas dolencias. Sólo puede culparse a la polución que produce una fábrica de productos químicos.

Consultamos con un abogado que dice que para ganar un caso en un juicio contra la planta química deberemos establecer un lazo directo entre las toxinas de baja contaminación y las enfermedades específicas.

Esto se ha probado que es prácticamente imposible. A pesar de todo, deberíamos tener una oportunidad si consultamos con un experto en esta área, quien fue capaz de convencer al jurado de que la polución ataca al sistema inmunológico. En ese caso la polución podría tener la culpa de una amplia gama de enfermedades comunes.

Esta particular teoría es defendida por un pequeño grupo de expertos que se autodenominan ecologistas clínicos, inmunólogos que practican la medicina del entorno. La Academia Americana de la Alergia y la Inmunología y la Asociación Médica Californiana rechazan la teoría. Pero los jurados americanos han dictado sentencia de millones de dólares por los daños producidos a los demandantes que han demostrado evidencias presentadas por los expertos en esta área.

El poder del experto es una forma especial de poder. La información que proviene de un experto es mucho más creíble, más persuasiva.

Los expertos normalmente establecen su autoridad mostrándonos sus credenciales, sus calificaciones. Médicos, dentistas, abogados cuelgan sus diplomas en las paredes de su oficina con el fin de impresionarnos.

Los expertos demuestran su conocimiento específico al ser capaces de citar hechos y números y probando su conocimiento del tema al ser capaces de exponer información que no se conoce comúnmente. Los expertos realzan su experiencia escribiendo artículos y libros. Ser citado o escribir en los papeles sugiere un estatus de experto.

Si somos expertos en nuestro área, demostrémoslo. Si no es así y el coste lo justifica, recurramos a la ayuda de un experto que nos apoye. Los expertos son más convincentes. La otra parte que no cuenta con un experto tiende a comportarse con nuestro experto de modo menos agresivo y menos dogmático.

Para vacunarnos contra el poder de un experto, debemos preparar nuestra estrategia. Recordemos las palabras de Emerson: «Nada asombra tanto a los hombres como el sentido común y negociar de modo claro».

Poder personal

Como norma, preferimos acceder a las peticiones de las personas que conocemos y que nos gustan.

Joe Girard, a quien el libro *Guiness* llamó el mayor vendedor del mundo, manejaba las ventas diarias de más de cinco coches y remolques. Usaba una fórmula de venta muy sencilla. Les ofrecía a sus clientes sólo dos cosas: un buen precio y alguien con quien realizasen a gusto la compra. «Y eso es todo», exclamó en una entrevista. «Encuentre al vendedor que les guste, añádale el precio; póngalo todo junto y tendrá un trato».

Joe Girard obviamente tenía unas cualidades personales especiales que atraían a sus clientes. Estas cualidades personales que le dan a una persona la habilidad de influir en otra persona se llaman poder *personal* o poder *referente*.

Estas cualidades deben incluir honradez, ser abierto, integridad, ser amistoso y encanto. La lista es infinita pues las diferentes cualidades influencian a personas diferentes. Las cualidades pueden ser físicas, a las mujeres guapas y a los hombres apuestos normalmente les resulta más sencillo hacer amigos e influir en los otros.

Las personalidades carismáticas son un grupo selecto de poseedores de poder personal como Martin Luther King y Mahatma Gandhi, quienes poseían una mezcla única de características que les hacían ser capaces de influir a un gran número de personas.

Mientras que unos pocos poseen el carisma de King o Gandhi, nosotros podemos influir en los que identificamos y relacionamos con nosotros. Normalmente esto da lugar a una relación. Es típico que nos sintamos atraídos por aquellos que comparten actitudes, valores e intereses similares. Por otro lado, cuesta mucho más relacionarnos o influir en gente con la que tenemos poco en común.

Para aumentar nuestro poder personal tenemos que mejorar nuestras habilidades para crear relaciones personales. Para protegernos contra el mal uso que se hace del poder personal debemos, de vez en cuando, tener la voluntad de comprobar la relación personal.

Si, por ejemplo, sentimos que un vecino cercano se está aprovechando de nuestra relación al pedirnos siempre consejos *gratis*, tenemos la oportunidad de acabar con nuestra preocupación tratando el asunto directamente. Le diremos: «Pedro, no me importa aconsejarte como vecino, pero la mayoría de estos asuntos tiene complejas ramificaciones legales que yo casi tengo que trabajar como parte de una relación normal entre un abogado y su cliente. ¿Podemos vernos mañana en mi oficina?»

Empleemos las seis formas de poder para aumentar nuestro nivel. Los grandes negociadores las usan para maximizar su poder.

Una de las jefas más efectivas que conozco usa los bonos de productividad para animar a la plantilla a trabajar más duro (poder de gratificación). Aunque raramente debe hacerlo, elimina a los trabajadores que no llegan a los mínimos (poder coercitivo). Disfruta del apoyo completo de sus empleados para llevar adelante las decisiones (poder legítimo). Incluso como jefa júnior, su equipo nunca bajó de las 12 a 16 horas por día que debían trabajar para alcanzar sus ambiciones (poder personal). Su titulación de ingeniería en *software* le granjea el respeto del equipo técnico (el poder del experto), mientras que a las reuniones ella siempre acude bien informada (el poder de la información).

CAPÍTULO 13

Planear la estrategia

■ ■ ■

Nunca empiece una negociación
sin saber lo que quiere conseguir
y cómo intentará acabarla.

En una negociación nuestra estrategia es nuestro plan de juego de enfoque básico. El mayor trabajo de este libro ha sido mostrar cómo negociar tratos favorables que perduren. Para conseguir lo que queremos de otros, lo mejor es ayudarles a conseguir lo que quieren. Los acuerdos que dejan a ambas partes satisfechas funcionan mejor porque ambas partes están comprometidas a llevar a cabo su parte del acuerdo.

Los negociadores efectivos, por lo tanto, están siempre buscando las oportunidades de convertir las confrontaciones ganar-perder en colaboraciones de en la que ambas partes salgan ganando.

Cuando Israel y Egipto comenzaron sus negociaciones para diseñar el tratado de paz después de la guerra de los seis días en 1967 y la guerra de Kippur en 1973, parecía que sus intereses se encontraban en conflicto directo. Israel quería mantener una parte de la península del Sinaí que había sido tomada por los egipcios en 1967. Egipto, por su lado, quería que le devolvieran todo el territorio.

Puesto que ninguna de las partes estaba preparada para moverse ni un centímetro, los contrincantes llegaron a un punto muerto en una confrontación clásica en la que uno ganaría y el otro perdería.

Durante las conversaciones de paz de Camp David realizadas a finales de 1978, ambas partes, con ayuda de los americanos, reexaminaron sus intereses. El interés fundamental de los israelíes era la seguridad. Querían mantener la península del Sinaí como una zona intermedia para ganar tiempo en caso de que los egipcios atacaran a través de las fronteras comunes. El principal interés de los egipcios era la soberanía; el Sinaí había sido parte de Egipto durante siglos.

En Camp David, el presidente de Egipto Sadat y el primer ministro de Israel Begin acordaron una solución que satisfacía las necesidades de seguridad de Israel y las demandas de soberanía de Egipto. Los egipcios accedieron a desmilitarizar una gran parte de Sinaí; a cambio, los israelíes devolvieron Sinaí a la soberanía egipcia.

Discutiendo sus necesidades, reconciliando sus intereses y mejorando su relación, ambas partes acabaron mejor.

Sin embargo, sería ingenuo e irresponsable decir que la buena voluntad y la habilidad pueden convertir cada confrontación ganar-perder en una colaboración en la que ambas partes salgan ganando. No se puede. A veces, el no ir sumando los problemas resueltos y la discusión de las necesidades pueden dar vueltas alrededor del problema de manera que el tamaño del pastel que estamos negociando ya está fijado. Si no podemos aumentarlo, sea lo que fuere lo que compartamos, dependerá del otro. Lo mejor que podemos esperar es un compromiso tolerable.

También topamos con personas duras a las que no les importan nuestras necesidades. Para ellos, la negociación siempre ha sido y siempre será una lucha de deseos.

Los negociadores efectivos, si es necesario, deben ser por lo tanto negociadores *situacionales*; están dispuestos a adaptar su estrategia a la medida de la situación. Cuando valoran cómo enfocar la situación, consideran cinco preguntas clave:

— ¿va a haber una relación de continuidad?;
— ¿cuáles son las fuerzas relativas de ambas partes?;
— ¿cuánta confianza existe?;
— ¿qué sabemos de la personalidad y estilo de la otra parte?;
— ¿cuánto tiempo se puede conseguir?

¿Habrá una relación de continuidad?

En un trato después del cual no esperamos volver a ver a la otra parte, los incentivos para ser abierto y comportarnos de un modo razonable son menos que en una situación en la que sabemos que tendremos que establecer una relación más estrecha con nuestros oponentes.

La mayoría de la gente, por ejemplo, es más abierta y razonable cuando le vende un coche a un amigo o conocido que cuando lo vende a un extraño que no espera nunca volver a ver.

Incluso los negociadores en la que ambas partes salgan ganando más comprometidos se vuelven compradores competitivos cuando hacen turismo en los mercados de Hong Kong o México.

¿Cuáles son las fuerzas de cada parte?

La diferencia de fuerzas entre las dos partes, o *la balanza de poder* como le llaman algunos negociadores, puede influenciar enormemente en el enfoque.

Si resultase que la Industria Berrington es el único proveedor de un componente básico esencial para el éxito de nuestro negocio, entonces esa empresa se encontraría en una posición fuerte para adoptar una línea dura en cualquier negociación contigo. Por lo tanto, es de nuestro interés cultivar una relación armoniosa que funcione.

Si, por otro lado, pudiéramos escoger entre numerosos proveedores, entonces nos encontraríamos en una posición mucho más fuerte y permitirnos adoptar un planteamiento mucho más competitivo.

¿Cuánta confianza hay?

Una estrategia en la que ambas partes salgan ganando requiere un alto grado de confianza y apertura. Esto normalmente lleva tiempo.

A veces tendremos que negociar con gente que ha demostrado que carece de confianza. Con clientes en los que no se puede confiar, apenas tendremos la posibilidad de tomar un enfoque duro y menos abierto.

¿Qué sabemos de la personalidad y el estilo de la otra parte?

Nos guste o no, hay negociadores que sencillamente sólo trabajan para sus propios intereses, ven la negociación como un *estrujamiento* y poco se preocupan de las necesidades de la otra parte. Son competitivos sin compasión, abrasivos, esencialmente desconfiados y están dispuestos a ganar a toda costa. Con ese tipo de negociadores nuestro planteamiento debe ser más competitivo y menos basado en la confianza de lo que es un trato con un negociador que usa un estilo cooperativo.

Los negociadores cooperativos, por otro lado, son sensibles a las necesidades de la otra parte. Muestran empatía en la resolución de los problemas, «tienen la intención de maximizar las ganancias compartidas; se centran en los intereses comunes, no en las diferencias; rechazan confrontaciones, no les gusta pelear, y aplican fórmulas de buena educación, sentido común y razonamiento».

Los negociadores cooperativos se preocupan a menudo del riesgo que corren de ser explotados por los oponentes competitivos. Mientras esto sucede, podemos ajustar nuestra estrategia a la situación. De modo similar, los negociadores competitivos que pierden tratos a causa de su agresividad aprenden pronto a adaptar su estilo.

¿Cuánto tiempo podemos conseguir?

El tiempo es una clave estratégica variable. Los negociadores que están bajo una presión rebajan sus aspiraciones y conceden más. La parte que tiene la ventaja del tiempo puede por lo tanto adoptar una postura más dura y más competitiva.

Mientras esto puede resultar una victoria a corto plazo, las consecuencias a largo plazo pueden ser costosas. Las tácticas altamente competitivas minan la seguridad y las buenas intenciones necesarias para crear una relación que funcione a largo plazo que necesita tiempo y atención para desarrollarse.

En resumen, para triunfar como negociador debemos ser flexibles. Nuestra estrategia depende de las circunstancias y cuestiones de la negociación. Aun así, no olvidemos que nuestra meta debe ser resolver los conflictos de modo que ambas partes queden satisfechas y comprometidas.

CAPÍTULO 14

Escoger las tácticas correctas

■　■　■

Mande dos docenas de rosas a la habitación 424
y ponga «Emily, te quiero» en la parte de atrás de la tarjeta.
Groucho Marx

Las tácticas son los trucos y estratagemas que usamos para llevar a cabo nuestra estrategia. Las tácticas de las negociaciones tienen dos objetivos principales:

— reforzar nuestra posición a los ojos de la otra parte;
— alterar el punto de vista de la posición en la que se encuentra la otra parte.

Cuanto más podamos llevar a cabo estos objetivos, mejor saldrá el trato. Esto no quiere decir que necesariamente nuestro oponente deba ser peor que nosotros. Ambos debemos ganar con un acuerdo que es diferente de cualquiera de nuestras propuestas originales.

Hay cientos de tácticas. Lo que sigue es un sumario de las 18 más comunes. Aunque nunca hayamos soñado con utilizarlas, debemos conocerlas y tenerlas en cuenta.

Los suplementos

La técnica de los suplementos consiste en sumar extras inesperados a la cuota de términos de una negociación. Los comerciantes la usan para incrementar sus precios. Compramos una lavadora en cuya etiqueta figura el precio de 111.875 pesetas (674 €); esto incluye la instalación gratuita y plazos durante 12 meses sin intereses. Asumimos que ese es el precio completo.

Cuando analizamos la etiqueta, el importe se convierte en 131.875 pesetas (795 €). La adición se convierte en 3.750 pesetas (23 €) por el transporte, 10.625 pesetas (65 €) por trabajos de lampistería y 5.625 pesetas (34 €) de gastos de administración por lo que llaman plazos sin intereses.

Problemas posibles: Conviene ser cautos antes de acceder a un trato y comprobar exactamente qué se incluye en el precio antes de acceder a comprar. Si hay extras, presionaremos para que los incluyan en el precio original.

La barrera del presupuesto

Imaginemos que acabamos de presentar una propuesta para rediseñar y renovar las instalaciones de un cliente por un total de 8.500.000 pesetas (51.204 €).

Nuestro cliente dice: «Me gusta vuestra propuesta, pero me temo que sólo tengo 6.875.000 pesetas (41.415 €)».

Nuestro cliente está utilizando la barrera del presupuesto o la *táctica del bogey* como la llaman a veces. Podemos rebajar el precio o aumentar las alternativas.

La táctica del *bogey* es totalmente ética. Una limitación legítima de presupuesto o un *bogey* anima al vendedor a recortar su precio y a rediseñar su paquete para resolver los problemas de presupuesto del cliente.

Problemas posibles: Tenemos que anticiparnos al *bogey* preparando paquetes alternativos por adelantado. Siempre debemos estar preparados para reajustar el valor de nuestra propuesta original.

Por ejemplo: «Me doy cuenta de que su presupuesto no alcanza el precio de nuestra propuesta original. ¿Estaría dispuesto a considerar algunos componentes de precio inferior? Si usted estuviera dispuesto a cambiar ciertos aspectos específicos para permitirnos utilizar nuestros componentes estándar, estoy seguro de que su presupuesto puede ser mejor que ningún otro».

A veces podemos sortear la barrera del presupuesto cambiando los plazos de pago. Debemos permitir al cliente pagar el 60 % en este periodo de presupuesto y retrasar el resto hasta el próximo periodo.

A veces podemos convertir una restricción de presupuesto en una oportunidad creativa para extraer otras concesiones.

Por ejemplo: podemos aceptar su presupuesto si:
— usted acepta comprarnos todos los suministros que necesite durante dos años;
— nos otorga también el contrato el poder llevar la contabilidad e igualmente los servicios;
— usted utiliza nuestro transporte para recoger la mercancía;
— hace pedidos mínimos de seis docenas;
— podemos posponer los programas de formación hasta junio.

El incremento

El incremento es una de las tácticas de presión utilizadas más efectivas en la negociación. A veces es ética, a veces no. Todo depende de las circunstancias y los motivos que tiene el que la utiliza.

Imaginemos que vamos buscando una cámara de 35 mm y un juego de lentes y accesorios, y encontramos una tienda en la que un vendedor, después de una dura sesión de venta, nos ofrece el lote completo por 100.000 pesetas (603 €). Volvemos al día siguiente para pagar y el vendedor nos dice: «Lo siento pero el precio que acordamos ayer es demasiado bajo. No podemos permitirnos ofrecerle todo el lote a este precio, el mejor precio que le podemos hacer es de 112.500 pesetas (677 €)». ¿Qué hacemos? ¿Nos vamos? La mayoría de la gente no se va. Han invertido demasiado tiempo en el trato y da demasiados problemas volver a negociar otro con otra tienda; por ello *acceden al incremento*.

El incremento puede ayudar a un vendedor a proteger su posición original.

Typhon Communications recibe un presupuesto de 52.500.000 pesetas (316.265 €) por los servicios de mantenimiento del edificio. Yvan Bideau, el jefe de mantenimiento de Typhon, está convencido de que puede reducir el precio a 43.750.000 pesetas (263.554 €). Sin embargo, cuando comienzan las negociaciones, el jefe de la empresa de mantenimiento de edificios comienza pidiendo disculpas porque la cifra original fue un error. Necesita 59.375.000 pesetas (357.680 €) para proveer al edificio del nivel de mantenimiento necesario y apoya esa cifra con una lista detallada de los costes fraccionados.

Yvan no está convencido de que la cifra original fuera un error, pero realmente ha echado a perder sus esperanzas de 43.750.000 pesetas. En realidad, está encantado cuando la cifra final resulta de 52.500.000 pesetas.

Problemas posibles: La única forma efectiva de tratar con el incremento es haciendo la prueba de decirle al otro que es un farol. Para empezar, pidamos que nos convenzan con evidencias de que el incremento está justificado. Si no lo hacen, abandonemos.

Ausencia de autoridad

Estamos negociando un trato con alguien que nosotros creemos que tiene plena autoridad para hacer el trato o hacer concesiones. Está a punto de cerrar el trato cuando dice: «Debo consultar con mi jefe para que dé su aprobación». Normalmente esto desemboca en otra ronda de negociaciones y más peticiones de concesiones.

Problemas posibles: La mejor defensa es comprobar, antes de empezar a negociar, si el negociador tiene plena autoridad para cerrar el trato. Si nuestro contacto no lo tiene, intentemos negociar con el que toma verdaderamente las decisiones. Si esto es imposible, crea recursos por anticipado previendo otra ronda de concesiones.

Finalmente, siempre podemos echarnos atrás o cambiar nuestras concesiones. Diremos: «No me di cuenta de que nuestro acuerdo precisaba de que otro lo aprobase, pero muy bien. Trataremos este acuerdo como un pacto de propósito. Mientras nuestro jefe lo revisa, nosotros también revisaremos los posibles cambios que se pueden producir».

La información engañosa

A veces los negociadores dan deliberadamente información engañosa a la otra parte sobre sus verdaderos intereses, necesidades y prioridades. Saben qué valioso es conocer los deseos, límites y recursos de la otra parte, por eso intentan deliberadamente confundir a la otra parte planteando cuestiones falsas y dejando que la otra parte se adentre en un camino equivocado.

En una negociación comercial sobre un contrato complicado, una de las partes invierte la mayor parte del tiempo en la discusión de la cláusula 16 para apartar al contrario de lo que le preocupa realmente, la cláusula 27.

Las uniones comerciales abogan por los nuevos procedimientos disciplinarios, piden limitaciones en las horas extraordinarias y sugieren hacer cambios en el esquema de la compañía, añaden también reivindicaciones salariales como pistas falsas para distraer a la empresa de sus verdaderas prioridades, extender la cobertura de la unión.

Problemas posibles: Una preparación minuciosa es la mejor defensa contra la información engañosa. Comprobemos toda la información que pueda afectar a la negociación. Las preguntas efectivas, además de un cuidadoso análisis del modelo de concesión de la otra parte, también nos ayudarán a establecer las verdaderas necesidades del otro y sus prioridades.

Las demandas iniciales escandalosas

Nuestro oponente comienza haciendo una demanda inicial escandalosa, mucho más de lo que nunca habíamos imaginado. Esta táctica de choque está diseñada para que nosotros hagamos una oferta mucho más alta de lo que habíamos imaginado. Tomando una posición extrema, la otra parte hace que nos movamos y nos acerquemos a su posición ideal.

Problemas posibles: Casi siempre la posición inicial escandalosa suele ser un farol. Sobre todo, no nos dejemos confundir por la demanda; mantengámonos en nuestra oferta original y expliquemos cuidadosamente todos los beneficios que reporta.

Los «mordiscos»

Tengo un amigo que no se compra nunca un traje sin intentar llevarse también una corbata o un cinturón. Mi amigo espera a que el vendedor comience a tomar la nota de venta y le dice: «Incluirá una corbata, ¿verdad?» La táctica del mordisco es infalible. La otra parte ya casi ha cerrado la venta y no se quiere arriesgar a perderlo todo a causa del mordisco de una corbata que es una pequeñez comparada con el resto de la venta.

El mordisco está muy extendido. Los compradores consiguen un bocado pagando tarde las facturas, pidiendo rebajas a las que no tienen derecho y preguntando por servicios extras a cambio de nada. Los vendedores mordisquean añadiendo al precio el pago de los extras, vendiendo algo un poco mejor de lo que se ha vendido o no incluyendo en el precio los servicios que habían prometido.

Problemas posibles: Si estamos comprando, descubramos exactamente qué estamos comprando antes de cerrar el trato. Si estamos vendiendo:

— alejaremos la ausencia de autoridad para conceder los extras;
— pondremos por escrito una lista de precios que especifique los cargos por cada extra y detallaremos los principios de nuestro empresa (las palabras escritas tienen siempre más autoridad que las habladas);

— nos ajustaremos a los principios de la empresa; la mayoría de estos bocados son una tomadura de pelo;

— adelántemonos a los movimientos del oponente.

Trabar nuestras argumentaciones

En cualquier negociación donde hay más de una cuestión tenemos que decidir si negociar cada cuestión por sí misma y tratar cada asunto por separado, o bien enlazarlas todas y tratarlas como una parte de un paquete único.

Al trabar las argumentaciones incrementamos las variables y la cantidad de posibilidades, y podemos intercambiar el movimiento en una por el movimiento en otro tema.

Las negociaciones complejas requieren más habilidad. Muchas variables deben ser mantenidas bajo control.

A veces, en una negociación compleja que contiene diversas cuestiones, puede funcionar el separar y acordar cierto número de pequeñas cuestiones al principio para crear un sentimiento de ambiente de comunicación.

La subasta invertida

La subasta invertida es una de las tácticas más competitivas que se usan con más ferocidad en las negociaciones.

Supongamos que contamos con tres suministradores o empresas para instalar un sistema nuevo de aire acondicionado. Intentamos darle el trabajo al que hace el precio más bajo, pero cuando llegan los tres presupuestos vemos que cada uno de ellos es un poco distinto en los términos, la instalación y la garantía.

Por lo tanto, invitamos a los tres instaladores a nuestro oficina y los pones uno contra el otro en una subasta invertida. Selectivamente, vamos exponiendo el presupuesto de cada uno teniendo cuidado de incidir en los aspectos en los que sus rivales son mejores y por ello es necesario mejorar.

Los fallos de los tres sistemas se van exponiendo hasta que cada uno de los rivales apunta los fallos de los otros.

Finalmente le damos el trabajo al que nos ofrece el mejor paquete.

La subasta invertida funciona porque intensifica el proceso competitivo. Sin embargo, la mayoría de participantes la detestan. Si valoramos una buena relación de trabajo con nuestros suministradores, más vale evitarla.

Problemas posibles: Si nos encontramos con una oferta en la que tenemos que encararnos con otro suministrador que nos hace la competencia, declinaremos la invitación alegando que eso no es ético. Si no podemos evitar pujar, haremos nuestra oferta al final y sólo una vez.

El «salami»

El salami se vende en finas lonchas. Así es como los negociadores usan la táctica del salami. Logran cuanto quieren yendo en busca de una loncha cada vez.

Una empresa comienza pidiendo el permiso para volver a formar y suspender la paga estándar de los trabajadores cuyos conocimientos se han hecho obsoletos a causa de los cambios en la tecnología. Entonces lo extienden a otra loncha cuando abarcan a un grupo al que les ronda la edad de 40 años a los que resultaría difícil encontrar trabajo, hasta que esto abarca a todo el mundo.

Problemas posibles: Para protegernos de la técnica del salami, ataremos cualquier concesión *salami* con restricciones detalladas y exclusiones. No sólo determinaremos qué es lo que cubre, dejaremos claro también lo que no cubre. Esto hará mucho más difícil al salami extenderse después en lonchas.

Dividir la diferencia

Dividir la diferencia es una manera rápida de alcanzar un acuerdo. Las dos partes están situadas en dos posiciones distintas. La otra parte está dispuesta a ofrecer 125.000 pesetas (753 €), usted está dispuesto a ceder en 75.000 pesetas (452 €). Dividiendo la suma de las diferencias acaban acordando ceder en 100.000 pesetas (603 €).

Dividir la diferencia es seductor, parece bueno y razonable. A veces lo es, pero otras veces no, especialmente si no nos podemos permitir dividir la diferencia o la división está más cerca de su límite que del nuestro.

Problemas posibles: Si no podemos permitirnos dividir la diferencia, lo diremos. Ofreceremos una división distinta: «No puedo llegar a un 50–50, pero me pensaré un 40-60».

Nuestra mejor protección para no dividir la diferencia es comenzar con una oferta de apertura alta y conceder lentamente, de modo que cuando se produzca la sugerencia de dividir la diferencia, salgamos favorecidos.

Tómalo o déjalo

En la mayoría de negociaciones llega un momento en que la otra parte dice: «Esta es mi oferta final». Deberían añadir de modo agresivo: «Depende de usted, tómelo o déjelo».

Esta opción, usada de forma agresiva, crea una gran hostilidad. A nadie le gusta que le amenacen con un ultimátum. A pesar de ello, la táctica de tómalo o déjalo, aunque de forma educada, se usa con nosotros cada día sin ofendernos. Siempre, por ejemplo, que compramos algo o solicitamos un servicio con un precio fijo, nos están diciendo en realidad tómalo o déjalo.

Problemas posibles: Los negociadores hábiles cuentan con algunas tácticas para dar un rodeo.

Aplican esta táctica cambiando la naturaleza del paquete propuesto. Por ejemplo, «podríamos aceptar su oferta final, si usted estuviera dispuesto a adquirir parte de la mercancía en nuestra fábrica».

Vuelven a plantear las ventajas de aceptar el paquete y repiten los puntos en los que se ha alcanzado un mutuo acuerdo. A veces insisten en la negociación como si nunca antes se hubiese hablado de ello. Otras veces se van, dejando la puerta abierta par retomar las conversaciones sin perder la dignidad. «No podemos aceptar su oferta final, lo siento, sencillamente no podemos permitírnoslo. De todas forma, si usted pudiese encontrar una manera de reconsiderar su oferta final, por favor llámenos».

Chico duro, chico bueno

Esta actuación —porque eso es exactamente— es una variación de la rutina de interrogatorios del policía bueno y el policía malo que se puede ver en docenas de películas y programas de televisión.

El primer interrogador, el policía malo, pretende intimidar y coaccionar al prisionero para que se someta. Cuando el prisionero se derrumba, el mal policía se retira y el policía bueno toma la iniciativa. El policía adopta una postura de acercamiento mucho más suave. Ofrece un cigarrillo, una bebida, es mucho más conciliador y pide disculpas por el comportamiento de su colega. A pesar de todo, insta al prisionero para que confiese. Una confesión, le explica, servirá a los intereses de todo el mundo y le dará a él, el policía bueno, la oportunidad de conseguir un mejor trato para el prisionero.

En las negociaciones comerciales el chico duro adopta una postura competitiva e inflexible. En una negociación de venta típica dice: «No estamos dispuestos a pagar una peseta más por encima de 350 pesetas

(2 €) la unidad y tiene que ser entregado dentro de los cinco días que siguen al encargo». El otro negociador adopta una postura mucho más suave, cooperativa y transigente. «Vamos, Carolina, sé razonable, Pedro siempre nos ha servido bien durante los años que ha trabajado con nosotros. Siempre nos ha apoyado cuando nos hemos quedado cortos. También tiene que comer. Seguramente le podemos dar 395 pesetas (3 €) y diez días para enviarlo».

Si todo sigue el plan, el vendedor se quedará con la oferta del chico bueno aunque sea inferior a una oferta realista.

Problemas posibles: La mejor defensa es reconocer la táctica. El chico duro y el chico bueno, sean hombre o mujer, son un equipo. Son un dúo. Una vez que nos demos cuenta de este hecho, es mucho más fácil defender nuestra propuesta original, que es mejor y más razonable.

Qué pasaría si...

Los negociadores usan la táctica *qué pasaría si...* para sacar información de la otra parte.

Imaginemos que queremos comprar 2.000 rollos de plástico. Obtendríamos una valiosa información de los costes y economías de escala de la otra parte si también preguntásemos al proveedor por los precios de 500, 2.000 y 5.000 rollos. Obtendríamos todavía más información si hiciéramos preguntas hipotéticas como estas:

— ¿qué pasaría si cambiásemos las especificaciones?;
— ¿qué pasaría si le permitimos transportar la mercancía en los periodos de menos trabajo?;
— ¿qué pasaría si nosotros le suministramos las tintas para la fabricación?;
— ¿qué pasaría si transportamos nosotros los rollos?

Un análisis detallado como este puede utilizar la información para calcular los costes de producción de la otra parte y cuáles podían ser sus límites. Algunos compradores descubren el precio de 10.000 unidades cuando en realidad tan sólo quieren 100, entonces hacen un pedido de 1.000 al precio de 10.000 la unidad. Cuando el vendedor protesta, el comprador alega que esta es la primera compra de una larga serie que justificará el descuento.

Problemas posibles: Cuando la otra parte empieza preguntando *qué pasaría si...*, necesitamos ser muy cuidadosos. Mediremos nuestras palabras para no decir más de lo necesario. Si la otra parte usa la información para pedir un precio mejor, debemos estar preparados para defender nuestra oferta original.

¿Cuál es el precio mínimo?

Hay otra táctica de presión que usan comúnmente la mayoría de compradores. Un comprador frente a un vendedor sin experiencia dice: «Mire, no puedo estar perdiendo el tiempo. ¿Cuál es su precio mínimo?» Esto presiona al vendedor para abrir con un precio por debajo del punto donde comenzarían negociadores más serios.

Problemas posibles: No demos nunca nuestro precio más bajo. Utilicemos el precio que pretendíamos con nuestra oferta de apertura. Retomemos la iniciativa replicando: «Bien, creo que un buen precio sería 10.875.000 pesetas (65.513 €)». Esto se convierte en la cifra de apertura para la negociación.

El detalle de los costes

Muy a menudo, cuando se ha puesto sobre la mesa una propuesta para proveer de materiales o servicios, el comprador pedirá un desglose detallado de los costes. En principio esto parece una petición razonable. Pero si dejamos escapar la información, el comprador tiene una herramienta para lograr un mejor precio.

Por ejemplo, un grafista tiene establecida la tarifa de 1.850.000 pesetas (11.145 €) para diseñar, llevar a cabo e imprimir un folleto. El cliente entonces pide presupuestos a varias imprentas y utiliza la más barata para forzar al diseñador a bajar la parte de imprenta 137.500 pts (828 €). Esto sucede a pesar del hecho de que el precio del paquete entero del diseñador es incluso 275.000 pesetas (1.657 €) más barato que los ofrecidos por otros diseñadores.

Problemas posibles: En muchos casos no tenemos que desglosar los costes. Si nos lo piden, diremos: «Lo siento pero la política de la empresa es mantener la confidencialidad de los precios. Estoy seguro que se dará cuenta de que a nuestros competidores les encantaría saber cómo podemos mantener precios tan competitivos y seguir dando un buen servicio».

Sí, pero...

Los negociadores extraen valiosas concesiones de última hora con la táctica del *sí, pero...*

Estamos a punto de cerrar el trato cuando el otro dice: «*Sí*, eso está bien, estoy de acuerdo, *pero* hay un pequeño punto en la cláusula 12 que necesita ser aclarado». Cuando cedemos en la cláusula 12, el otro encuentra otro problema, en este caso en la cláusula 32.

Problemas posibles: Antes de negociar el primer *sí, pero...* comprobaremos que no haya otras cuestiones que causen problemas. Entonces diremos: «Estoy dispuesto a considerar esos nuevos puntos, pero sólo si usted acepta algunos cambios en las áreas que ya hemos acordado».

Tenemos que hacerlo mejor

Esta debe de ser una de las tácticas más comunes. Para algunos profesionales *Tenemos que hacerlo mejor* es un reflejo automático de algunas propuestas de venta. Asumen que hay un margen en el precio de cualquier propuesta y esta es la forma más rápida de llegar al límite, al precio más bajo.

Uno de los más duros directores generales que he conocido usa una variación de esta técnica con su plantilla siempre que los trabajadores presentan sus ritmos de producción o presupuestos. Es divertido ver qué rápido su plantilla encuentra maneras para acelerar sus ritmos o recortar los presupuestos.

Problemas posibles: Una vez reconocida, esta táctica puede ser combatida construyendo una banda protectora en el precio, el ritmo o el presupuesto.

CAPÍTULO 15

Los dieciséis factores del éxito

■ ■ ■

*Los vientos y las olas están siempre
del lado de los navegantes más hábiles.*
EDWARD GIBBON

De todos los factores que contribuyen a tener éxito en una negociación, hay dieciséis que son críticos. Concentrémonos en ellos y también nos convertiremos en un gran negociador.

1. *Preparémonos a conciencia.* Una preparación minuciosa representa a menudo la diferencia entre el triunfo y el fracaso. El tiempo empleado en hacer los deberes se amortiza mil veces.

2. *Centrémonos en los intereses antes que en las posiciones.* El arte de la negociación se basa en reconciliar intereses, los propios y los ajenos.

3. *Recurramos a nuestro MAPAN antes que a nuestros límites.* Un MAPAN (Mejor Alternativa Para un Acuerdo Negociado) da protección, flexibilidad y anima a encontrar una solución creativa a los problemas.

4. *Conozcamos nuestras prioridades.* Los negociadores que tienen éxito valoran cada cuestión y clasifican sus prioridades por orden de importancia. Ceden en sus prioridades menos importantes para lograr a cambio sus prioridades máximas.

5. *Hagamos que el tiempo trabaje por nosotros*. Los mejores negociadores raramente se dejan confundir por la presión del tiempo, demuestran una gran paciencia y convierten el tiempo en un aliado.

6. *Hagamos muchas preguntas*. Los negociadores que están por encima de la media hacen el doble de preguntas que los negociadores medios. Las preguntas descubren las necesidades, suministran información, resuelven conflictos, persuaden y ayudan a mantener el control.

7. *Escuchemos de modo activo*. Los negociadores profesionales escuchan intencionadamente y no se dejan distraer por las emociones. Crean confianza y demuestran que comprenden al reflejar el contenido y los sentimientos de la otra parte. Para mantener la negociación en el camino correcto, resumen regularmente hasta dónde han llegado.

8. *Defendamos nuestras necesidades*. Los negociadores efectivos usan el lenguaje firme antes que el pasivo o el agresivo para dejar establecer claramente lo que quieren, piensan y sienten. Los oradores firmes hacen valer sus necesidades escogiendo palabras y lenguaje corporal que indican firmeza y autoridad.

9. *Tanteemos con propuestas condicionales*. Los negociadores hábiles tantean las áreas de movimiento con breves propuestas de tanteo. Hacen pocas contrapropuestas instantáneas, raramente dicen no y regularmente hacen resúmenes de las áreas de acuerdo.

10. *Estudiemos muchas opciones*. Los negociadores efectivos intentan incrementar el número de variables, puesto que cada nueva variable crea más opciones de alcanzar un beneficio mutuo. Cuantas más variables, mejor será la oportunidad de un acuerdo en la que ambas partes salgan ganando.

11. *Empecemos alto y concedamos despacio*. Los negociadores ganadores empiezan alto de forma consistente, crean un espacio donde moverse y conceden despacio con pequeñas concesiones de un esquema controlado. Y siempre se aseguran de que la otra parte da algo a cambio de cada concesión.

12. *Comprobemos qué se ha acordado*. Los mejores negociadores nunca dejan la mesa de las negociaciones sin volver atrás sobre cada punto del acuerdo. Hacen un resumen de cada punto sobre papel y hacen planes para reunirse con el fin de arreglar posibles diferencias.

13. *Revisemos nuestra actuación*. Los negociadores hábiles aprenden de sus errores. Vuelven atrás sobre la negociación buscando áreas en las que mejorar.

14. *Construyamos relaciones que funcionen a largo plazo*. Los negociadores que triunfan practican los tres pilares de la creación de relaciones. Deben continuar siendo dignos de confianza, racionales y receptivos, se comporte como se comporte la otra parte.

15. *Ampliemos nuestro poder*. Como los jugadores hábiles de cartas, los negociadores saben cómo jugar una mano pobre. Para ellos el poder es en gran parte un estado mental, una cuestión de percepción.

16. *Adaptemos nuestro estrategia a la medida de la situación*. Los mejores negociadores están motivados por el acuerdo en el que ambas partes salgan ganando. Son constructivos, buscan opciones para un provecho mutuo e intentan satisfacer los intereses de ambas partes. Sin embargo, son los primeros que se adaptan, ajustan su estrategia y sus tácticas a la medida de la situación.

APÉNDICES

APÉNDICE UNO

Gestos y ademanes más significativos

■ ■ ■

Uno de los mayores errores que podemos cometer al observar el lenguaje del cuerpo es hacer juicios basándonos en un solo gesto. Los gestos llegan en grupo y deben interpretarse siempre así.

Franqueza

■ Sonrisa cálida.

■ Brazos sin cruzar.

■ Piernas sin cruzar.

■ Cuerpo relajado.

■ Contacto directo visual con pupilas dilatadas.

■ Manos abiertas.

■ Americana desabrochada o quitada (hombres).

■ Mano o manos en el pecho (hombres).

Actitud defensiva

- Poco contacto visual.

- Comisuras de los labios hacia abajo.

- Cuerpo rígido.

- Manos cerradas.

- Mano detrás del cuello.

- Ceño fruncido.

- Labios apretados.

- Cabeza baja.

- Piernas y tobillos cruzados con fuerza.

- Rascarse el lóbulo de la oreja o a un lado del cuello.

Dominación

- Palmas de la mano hacia abajo.

- Sentarse a horcajadas en la silla, utilizando el respaldo como escudo.

- Pies sobre la mesa.

- Elevación física sobre la otra persona.

- Voz estridente y sonora.

- Apoyarse en el respaldo de la silla con las dos manos en la nuca.

- Golpe fuerte en el hombro con la palma de la mano o dar la mano con un crujido del nudillo.

- Pierna sobre el brazo de la silla.

- Usar el escritorio como barrera psicológica.

Agresividad

- Arrugas en la frente.

- Contacto visual sostenido con las pupilas contraídas (mirar fijamente).

- Gafas bien puestas.

- Puños cerrados.

- Brazos separados mientras las manos se agarran con fuerza al borde de la mesa.

- Pierna sobre el brazo de la silla.

- Miradas de soslayo.

- Cejas juntas.

- Apuntar con el dedo índice.

- Golpe fuerte en el hombro con la palma de la mano o dar la mano con un crujido del nudillo.

- Manos en las caderas al ponerse de pie.

- Invadir el territorio personal de la otra persona.

Aburrimiento o indiferencia

- Mirada vaga.

- Falta de parpadeo en los ojos.

- Cabeza apoyada en la mano.

- Dar golpecitos repetitivos con el pie o con el dedo.

- Poco contacto visual.

- Ojos caídos.

- Piernas cruzadas.

- Hacer garabatos para distraerse.

Frustración

- Mirar al cielo.

- Pasarse los dedos por el pelo.

- Dar una patada al suelo o a un objeto imaginario.

- Respirar deprisa.

- Retorcerse los dedos.

- Labios cerrados apretados.

- Frotarse la nuca.

- Tomar profundas bocanadas de aire.

- Manos cerradas con fuerza.

- Pasear preocupado.

Disposición

- Buen contacto visual.

- Sentado, inclinado hacia delante con las manos en mitad del muslo o en las rodillas.

- Expresión facial animada.

- De pie con la chaqueta abierta y apoyado en la espalda con las manos en la cadera (hombre).

- Cercanía física.

- Sentarse en el borde de la silla.

- Asentir afirmando.

Confianza

- Juntar las manos (uniendo los dedos como en una plegaria).

- Pies en la mesa.

- Moverse hacia atrás con las manos en la nuca.

- De pie estirado con las manos en la espalda.

- La cabeza hacia arriba.

- Piernas entrelazadas.

- Apoyarse en el respaldo de la silla.

- Contacto visual continuo.

- Barbilla hacia delante.

Nerviosismo, inseguridad

- Dar la mano sudorosa y de forma débil.

- Aclararse constantemente la garganta.

- Cubrirse la boca con las manos constantemente.

- Contacto visual pobre.

- Risa nerviosa.

- Golpear con los dedos en la mesa.

- Suspirar.

- Brazos y piernas cruzados.

- Agitarse en la silla.

- Juguetear con objetos, con la ropa.

- Pasear preocupado.

- Fumar.

- Morderse o quitarse las uñas o la cutícula que las rodea.

Resumen de las cuestiones más importantes

■ ■ ■

Primera etapa: relacionar los datos

▨ Desarrolle un MAPAN.

▨ Haga una lista de sus intereses.

▨ Descubra los intereses de nuestro oponente.

▨ Haga una lista, clasifique y valore los objetivos principales.

▨ Recoja información.

▨ Analice la otra parte.

▨ Ensaye su papel.

▨ Compruebe que sus presuposiciones son ciertas.

▨ Consulte a su equipo de colaboradores.

■ Establezca los límites de su autoridad.

■ Organice su agenda y prepare un orden del día.

■ Determine cuál será su primera oferta.

■ Elija los miembros de su equipo.

■ Prepare un calendario de negociación.

■ Escoja un lugar de reunión.

■ Organice su estrategia.

■ Seleccione las tácticas más apropiadas.

Segunda etapa:
examinar las necesidades de ambas partes

■ Deje bien clara su postura desde el principio.

■ Descubra la posición de su oponente.

■ Haga muchas preguntas.

■ Comience con preguntas abiertas.

■ Acabe con preguntas cerradas.

■ Evite las preguntas destructivas.

■ Muéstrese receptivo al contenido de la otra parte.

■ Comprenda los sentimientos de la otra parte.

■ Resuma cuando sea necesario.

■ Cree un ambiente no verbal positivo y abierto.

■ Hable claramente y con confianza.

■ Use el silencio de modo efectivo.

■ Traduzca el metalenguaje.

Tercera etapa:
señalar el inicio de la negociación

▨ Preste atención a las señales que muestren movimiento.

▨ Aclare sus señales con preguntas.

▨ Responda las señales enviando sus propias señales.

▨ Repita o diga con otras palabras aquello que le interesa dejar claro.

Cuarta etapa:
proponer las primeras condiciones

▨ Sondee a la otra parte para sacar información.

▨ Realice propuestas para aclarar algún punto confuso.

▨ Después de proponer algo, guarde silencio.

▨ Exponga sus condiciones antes y sea específico.

▨ Recurra a frases construidas con el modelo *si... entonces*.

▨ Nunca debe interrumpir una propuesta.

▨ No rechace nunca de plano una propuesta.

▨ Evite respuestas agresivas del tipo «no estoy de acuerdo».

▨ No contraataque inmediatamente con sus propias propuestas.

▨ Dé una respuesta lo más detallada posible.

▨ Indique las áreas de acuerdo.

▨ Resuma la situación que se está tratando.

▨ Rehaga propuestas para que sean más aceptables.

▨ Multiplique las variables para crear más opciones y paquetes en la que ambas partes salgan ganando.

Quinta etapa:
evaluar e intercambiar las propuestas

▧ Recuerde que no puede negociar por partes.

▧ Dése un buen margen para negociar.

▧ Si está vendiendo, empiece alto. Si compra, empiece bajo.

▧ Todas las ofertas deben ser realistas y creíbles.

▧ Controle y vigile su escala de concesiones.

▧ Evite hacer la primera gran concesión.

▧ Conceda a regañadientes.

▧ Haga pequeñas concesiones.

▧ Asegúrese de que la otra parte es recíproca.

▧ Conceda despacio.

▧ Conserve concesiones para el trato del último minuto.

▧ Acompañe sus ofertas con una condición.

▧ Justifique todas las concesiones.

▧ Sígale la pista a todas las concesiones, sean propias o ajenas.

▧ Mantenga la negociación incidiendo en intereses comunes.

▧ Agradezca cada una de las concesiones recibidas.

▧ No convierta las cuestiones menores en cuestiones de principios.

▧ Evite llegar a un punto muerto.

▧ Maneje las ofertas ridículas con cuidado.

Sexta etapa:
tramitar el acuerdo

▨ Decida en qué punto quiere dejar de negociar.

▨ Valore cuándo es el momento adecuado.

▨ Busque las claves en el lenguaje corporal.

▨ Escuche las preguntas que indican una disposición al cierre.

▨ Tantee la situación con una prueba de cierre.

▨ Comience con un cierre de resumen.

▨ Si es necesario, considere otros cierres.

▨ Protéjase de las presiones del límite del tiempo.

▨ Use el lenguaje del cuerpo para proyectar una imagen de confianza.

▨ Intente anticiparse y evite los puntos muertos de última hora.

▨ Considere cambiar al negociador o usar un mediador.

▨ Pregunte y escuche.

Séptima etapa:
obtener la confirmación del acuerdo

▨ Verifique lo que se ha acordado.

▨ Redacte un documento de acuerdo.

▨ Redacte el documento con un lenguaje sencillo, claro y explícito.

▨ Cuestione cada ambigüedad.

▨ Prevea las futuras diferencias.

▨ Revise su actuación.

Índice analítico

■ ■ ■

Impreso en España por
HUROPE, S. L.
Lima, 3 bis
08030 Barcelona